眠っている数字であなたの会社をよみがえらせる

利益を出すために重要な 24の数式

野本 明

日本能率協会マネジメントセンター

はじめに

　本書の目指すところは　「どうやって効率的に利益を出すか」です。

　利益も売上も数字です。だからどの数字をどうやって改善するか考えればいいはずです。しかし数字は勘と経験に勝てるのか。そのために大事なのは数字の使い方なのです。

　たとえば、「売上高」という数字を伸ばしたいとき、まずは売上高という数字だけを見て考えます。でもそれだけでは不十分です。もし売上高を　「売上高＝客数×客単価」　という数式に分解して考えるとしたらどうでしょう。売上高を伸ばすためには客数を伸ばすことと客単価を伸ばすという2つの違った方法があるとわかります。これなら目指すべき方向がより具体的になって、良い結果が出る確率は高くなります。つまり施策の精度が格段に高まるのです。これが利益を出すための数字の使い方として「数式」が果たす役割です。

　本書で言う利益とは、本業の儲けを示す「営業利益」です。現在は原材料の高騰、賃上げによる人件費増などで営業利益を出す難易度はますます上がっています。デフレ時代のように経費削減により利益を確保するのは難しくなります。そんな中で利益を増やすには一体どうすればよいのか。これにも「営業利益＝粗利益－諸経費」という数式で考えることで、粗利益を増やすべきだという方向性が見えてくるのです。

　私は総合商社内で20年以上外資企業と共同出資による複数

の製造小売業の運営に携わってきました。この製造小売業という業態は自社ブランド商品の製造から流通そして一般消費者への販売までのあらゆる業務を包括しています。今思えばここでそのすべての業務を経験することができたことはとても幸運でした。多くの失敗もありましたが、それ以上に大切な学びがありました。

　最初の協業相手はドイツ最大手の無店舗販売企業であるオットー社、商品はレディスファッションです。創業した1980年代には無店舗でアパレルを売るなど不可能だと思われていました。しかしオットー社はその徹底した計画と数字の分析に従ってビジネスを進めた結果、業界の予想を覆し黒字化を果たせました。当初は私自身もアパレルを売るには数字より感性の方が大事だろうと思っていました。しかし感性の予測より数字をもとにした予測の方がはるかに高い結果を出すことを何度も目の当たりにして、数字は勘と経験を凌ぐ、ということを確信するに至ったのです。「数字による意思決定」を重視することはその後の業務での基盤となりました。

　次の取り組みはアメリカのアウトドアブランドであるエディー・バウアーの日本上陸でした。店舗展開は初めてでしたがもちろんここにも商品・顧客とも数字をもとにした分析手法を導入しました。ここで習得したのが、粗利益をゴールとして売上・粗利益・在庫を一元管理する手法でした。経営の要諦は粗利益の管理にある、ということが身に染みて理解できたのです。この手法はその後移った各社でも大いに役立ちました。この新会社は営業開始から2年目で単年度黒字を達成し、「粗利益の最大化が最優先」もその後の基盤のひとつになりました。

　この成功をもとにその後はドイツのフェイラー、さらにアメ

リカのバーニーズ ニューヨーク日本法人の継承へと事業は広がり、私も実務責任者として着任しました。両社とも素晴らしいブランドを持っています。私は期待される投資収益を実現するにはブランドの力を伸ばすことが鍵だと考えました。社員も顧客もブランドに対する愛着は驚くほど強く、実態を知るほどブランドを伸ばす余地はいくらでもあると実感しました。また新たな株主、新たな経営陣と今までの社員、顧客をつなぐためにも共通言語としてのブランドは大きな役割を果たしてくれました。「ブランド力を高めて収益を伸ばす」これもその後の業務で常に最初に考えるべき大事な基盤となりました。

その後、商社を離れロクシタンジャポン社に移ってからも、それまで得た3つの基盤を核として業務を行ってきました。それらは会社が違ってもそのまま有効に機能しました。現在独立し外部から企業への助言を行う立場になっても、これらの重要性は変わらずさらに一段と高まっているというのが実感です。

本書は数字、ブランド、粗利益という3つのキーワードをひとつの流れにしたものです。まず「ブランド創出」で利益の基盤を作ります。次にブランド価値の元となる顧客満足を高め、施策を「売上拡大」という形で具現化します。そして作ったブランド価値を守り「利益最大化」に至るという流れです。

第1部でそれぞれの段階をうまく行うための極意を披露しています。第2部では段階ごとに有効な数式を紹介しています。

最初の段階が「ブランド創出」であること、これが実は重要な点です。「売上」や「利益」とは別に語られることの多い「ブランド」を、利益を出すための一環として位置づけています。ではブランドとは一体何なのか、どうやって利益に結びつ

けるのか、この方法を第1章で解説します。

「売上拡大」は誰もが意識するわかりやすい目標です。でもその施策の効率はどうなのか、ここが問題です。最終目標が利益である限り、最小の経費で売上目標に到達することが必要です。そのために役立つ数式の数々を第2〜5章で紹介します。

そして「利益最大化」。通常売上を目的にしてしまいがちな中、売上は利益の前段階にすぎず最終目標を利益に置く、というのは大きな意識転換です。それだけでも利益に近づきます。そして具体的に何をどうすればよいのか、それを第6章で詳しく説明します。

数式で表すことで誰もがいつでも同じように理解して共有でき、また計画と検証が客観的に判断できることも大きな利点です。主観的な判断に依存することなく、人が変わっても同じ基準が使えるというのは継続的な成長にはとても大事なことです。なお数式と言っても難解なものはひとつもなく、あくまで考え方のヒントとなるものですから、苦手意識とは無縁です。

世の中はグローバル化が進み、国内事業といえどもすでに最新テクノロジーを駆使してマーケティングを行う世界企業との戦いが始まっています。この戦いに勝っていくためには、自ら進化して太刀打ちできる手法を身につけるしかないことは明白です。その手段のひとつが「数式」をもとにしたマーケティングであると確信しています。

グローバルに通用するビジネスへの飛躍を！　本書がその一助になることを願ってやみません。

野本　明

CONTENTS

はじめに　　　　　　　　　　　　　　　　　　　　　　　　　　　3

第1部　利益を出すための３つの極意

1. ブランド創出の極意：ブランドの本質を利益につなげる　　14

2. 売上拡大の極意：売上は6つのマトリクスで考える　　19

3. 利益最大化の極意：粗利益の最大化を目指す　　23

第2部　利益を出すための24の数式

第1章　ブランドを創るための数式

1 ▶　ブランド価値は粗利益として表れる

$$\boxed{\text{ブランド価値}} = \boxed{\text{マークアップ}} - \boxed{\text{マークダウン}}$$

ブランドの本質は創業者の世界観、その価値が粗利益をもたらす　30

2 ▶　ブランド認知度はどうやって上げるのか

$$\boxed{\text{ブランド認知度}} = \boxed{\text{認知者数}} \Big/ \boxed{\text{対象者数}}$$

ブランドをただの流行で終わらせないために必要なこととは　37

3 ▶　ブランド・ロイヤルティを支えるストーリーの存在

$$\boxed{\text{ブランド・ロイヤルティ}} = \boxed{\text{商品満足}} \times \boxed{\text{告知満足}} \times \boxed{\text{接客満足}}$$

ストーリーにより顧客満足が蓄積し、ブランド・ロイヤルティとなる　43

第2章　売上の構造を知るための数式

4 ▶ 売上は新客と既存客に分けて考える

| 売上高 | = | 新客獲得 | + | 既存客活性化 |

ニーズが全く異なる新客と既存客、施策も分けることが効率的　52

5 ▶ 売上を伸ばすために必要な3つの力

| 売上高 | = | 商品力 | × | 集客力 | × | 販売力 |

縦割りを避け3つの力をシンクロさせることで大きな力を生み出す　62

第3章　商品力を伸ばすための数式

6 ▶ 最強の商品をさらに強くする

| 商品力 | = | 最強商品 | / | 平均商品 |

圧倒的なNo.1としてのアイコン商品を作ることで売上が最大化できる 70

7 ▶ 効率の良いカテゴリーを見極める

| 商品効率 | = | 対象平均売上 | / | 平均売上 |

適切な価格帯、適切な商品構成を決めるための方法　78

8 ▶ 見えない機会損失を数値化する

| 機会損失額 | = | 総需要 | − | 総売上 |

せっかくの売上チャンスを失っているなら取り返そう　87

9 ▶ 経営の大敵、過剰在庫を予測する

| 過剰在庫 | = | 仕入数 | − | 販売数 | − | 期末在庫 |

誰もが避けたいのに発生する理由は発注前にあった　92

| 第4章 | 集客力を伸ばすための数式 |

10 ▶ 顧客生涯価値（LTV）を最大化せよ

顧客生涯価値 ＝ **購入単価** × **頻度** × **継続年数**

これが新客獲得の費用を上回ってはじめて利益につながる　　　98

11 ▶ 新客はどうすれば効率よく獲得できるか

新客獲得単価 ＝ **新客獲得費用** ／ **獲得新客数**

ビジネスの始まりには必ず採算の悪いここを通る　　　115

12 ▶ 広告効率は必ず測定する

広告効率 ＝ **売上高** ／ **広告費**

効果測定できない施策はギャンブルと同じ、やってはいけない　　　123

13 ▶ レスポンス率をどうやって高めるか

レスポンス率 ＝ **購入者数** ／ **告知者数**

集客手段であるメディアの成績表、既存客の収益化へのカギとなる　　　127

14 ▶ 真の集客力を見極める方法

リフト率 ＝ **告知者レスポンス率** － **非告知者レスポンス率**

真の集客力評価、やってみると世界が変わる　　　137

15 ▶ 一度つかんだ顧客は離さない

リテンション率 ＝ **再購入者数** ／ **購入者数**

レスポンス率と並ぶ集客力の成績表、一度失うと代償は大きい　　　142

16 ▶ 既存客の違いがわかる3つのセグメント

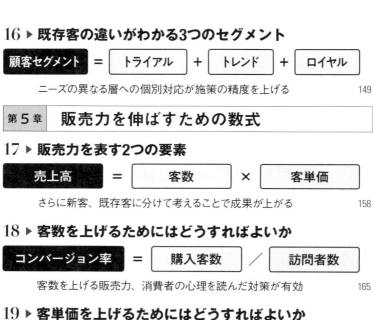

顧客セグメント ＝ トライアル ＋ トレンド ＋ ロイヤル

ニーズの異なる層への個別対応が施策の精度を上げる　　149

第5章　販売力を伸ばすための数式

17 ▶ 販売力を表す2つの要素

売上高 ＝ 客数 × 客単価

さらに新客、既存客に分けて考えることで成果が上がる　　158

18 ▶ 客数を上げるためにはどうすればよいか

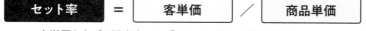

コンバージョン率 ＝ 購入客数 ／ 訪問者数

客数を上げる販売力、消費者の心理を読んだ対策が有効　　165

19 ▶ 客単価を上げるためにはどうすればよいか

セット率 ＝ 客単価 ／ 商品単価

客単価を上げる販売力、まずひとつ、続いて関連販売　　174

20 ▶ 集客力を数値化して売上を予測する

集客力 ＝ 立地 × 場所 × 視認性

出店の成否は営業開始前にすでに決まっている　　179

21 ▶ チャネルを増やしてLTVを上げるには

オムニチャネル効果 ＝ オムニチャネルLTV ／ 単チャネルLTV

チャネルを増やす意義と全体最適の運用の重要性　　186

第6章	利益を最大化するための数式

22 ▶ 粗利益を阻害する3つの敵

粗利益減少	=	値引	+	割引	+	在庫処分損

3つの敵と戦う粗利益の番人を作るにはどうすればよいか　　194

23 ▶ 営業利益を高める2つの道

営業利益	=	粗利益	−	諸経費

ブランド価値と経費効率で営業利益は最大化できる　　208

24 ▶ 新規案件にどう取り組むか

新規投資	=	既存利益	−	内部留保

利益を元手に新規開発を止めないことが繁栄継続への道　　213

おわりに　　222

第 **1** 部

利益を出すための
３つの極意

　利益というゴールに到達するには、ただやみくもに進むよりきちんと段階を経た方が効率的です。　ここではその過程を「ブランド創出」「売上拡大」「利益最大化」の３つの段階に分けます。そして各段階には押さえておくべき重要な「極意」があります。まずここから先に説明していきます。　極意を理解することで数式の意味がより明確になり、最小の費用と労力で利益に至ることができるようになるからです。

PART CONTENTS

1

ブランド創出の極意
「ブランドの本質を利益につなげる」

2

売上拡大の極意
「売上は６つのマトリクスで考える」

3

利益最大化の極意
「粗利益の最大化を目指す」

1. ブランド創出の極意 「ブランドの本質を 利益につなげる」

▶ ブランドの本質は創業者の世界観

　私はいくつものブランド企業に従事しブランド力で利益を拡大することを目指してきました。そこで常に考えていたのは、**顧客や社員はなぜブランドを好きになりなぜそのブランドを選ぶのか**、ということです。

「流行だから」「ロゴや CM や店舗がかっこいいから」という理由はあります。でも流行は移りロゴも変わります。その裏にもっと何かありそうです。それが創業者の魂ともいえる世界観の存在だったのです。

　支持されるブランドの創業者の多くには「世の人々にこれを与えたい」という強い願望と、それを実現するための尋常ならざる努力があるものです。それが創業者の世界観です。

　よく知られたところではシャネルの創業者ガブリエル（ココ）・シャネルやアップルの創業者スティーブ・ジョブズの名が挙げられますし、ディズニー創業者のウォルト・ディズニーも然りです。

　私の在籍したブランドでも創業者の逸話には事欠かず、それが伝説となり社員の尊敬の対象になっていました。この実体験を通じて、ブランドの本質は「創業者の世界観」にある、と確信するに至りました。

心の絆がブランドの力になる

　創業者の世界観への共感を得ることで、ブランドは流行や価格に左右されない強い力を手に入れることができます。それは社員や顧客とブランドとの間に生まれる「心の絆」です。

　いくら高い機能でも理性的な価値だけでは感情まで揺さぶられることはありません。しかしそこに開発者の強い想いや長年の努力が見えたとき、人は感情的に共感を覚えます。それが商品を超えた「心の絆」を作ることになるのです。

　食品の販売でも生産者の顔を見せることが増えていますが、その際安心だけでなく作り手の想いや努力が伝わってくるとすれば、それもブランド力だと言ってもいいでしょう。

　心の絆ができるとブランドは強くなります。流行が移り変われば消費者は次の流行に移っていきますが、消費者とブランドとの間に心の絆があれば、簡単に他に移ることはありません。これがブランドを支える力になるのです。

　ブランドを創るということは創業者の世界観を通じて心の絆を作ることなのです。

ブランドの本質を伝えるには順序が大事

　ブランドで利益を上げていくためには、ブランドの本質を伝えて広めなければなりません。その際注意すべきことは**「伝える順序を守る」**ということです。ここがとても大切なのです。

　創業者が世界観を最初に伝えるべき相手は、ともに仕事を

利益を出すための3つの極意　　15

する社員です。まずは一番近くにいる社員が世界観に共感し同じ情熱を持ってその世界観を実現させるようになることが重要です。

　社員に世界観を共有できたら、次に伝えるべき相手は社員から直接伝えることができる顧客です。単に表面的な情報だけでなくしっかりとブランドの本質を伝えていくことが必要だからです。

　これには時間も労力もかかりますがそれをするだけの価値があります。ここが疎かになると心の絆を育てることができないからです。

　最後に社会、すなわちまだ商品を使っていない人たちへと伝えていきます。顧客から周りに広がっていくことが理想です。広告で直接社会に伝えることもありますが、その際はすでに絆を持つ顧客の存在がとても重要です。

　この順序を飛び越えて、たとえば広告で一気に社会にブラ

ブランドの伝達順序

ンドを広げようとしても、流行にはなってもブランドの力である世界観の共有による心の絆を作り出すのは難しいのです。

ブランドの本質を伝えるにはストーリーが必要

ブランドの本質を伝えるためにもうひとつ必要なのは「ストーリー」として伝えることです。

ストーリーは目指す世界観を簡潔にわかりやすく伝えるための方法です。広告の一文、接客のひとことなどで、ブランドの本質が伝えられるようなシンプルなキーワードによる「ストーリー」を作ることがとても有効です。

ストーリーを使うことで創業者の世界観は社員には「ブランド・コンセプト」として、顧客には「ブランド・イメージ」としてよりわかりやすい形で伝えていくことができるのです。

世界観のない表面的なイメージだけではブランドの意味がないのです。

ブランド価値とは粗利益率の高さ

そして最後にもうひとつ、一番大事なことが、ブランドを創る最終目標が粗利益だということです。

同等商品の市場価格より高い値付けをして高いマークアップを確保し、しかも値引・割引を一切せずに販売し、大きな粗利益を得る。この一見不可能に思えることを可能にしているものは何なのか。それがブランドでありこれこそが「ブランド価値」なのです。

ここでブランドと利益が明確に結びつきます。高い粗利益を実現することこそがブランドを創り、維持し、強化するこ

利益を出すための3つの極意　　　17

との最大の目標です。ブランド創出が利益を最大化するための出発点であり、必要不可欠な要素であることが理解できるはずです。

2. 売上拡大の極意
「売上は6つのマトリクスで考える」

　どの企業でも活動の軸と言えるのが売上施策です。では、売上施策は誰を対象として、どういう戦略の組み合わせになっているのでしょうか。売上施策の効率を上げるには、この売上の構造を明確にしておくことが重要です。

売上施策6つのマトリクス

	新客	既存客
商品力	施策1	施策4
集客力	施策2	施策5
販売力	施策3	施策6

▶ 顧客軸で分ける理由

　まず誰を対象にするか、という顧客軸を明確にすることが欠かせません。
　対象顧客と言うと、年齢層とか趣味嗜好など思い浮かべるかもしれませんが、**重要なのは顧客を「新客」か「既存客」かで分けることです。**なぜなら新客と既存客ではニーズが全く

異なるからです。

　ニーズが異なるなら同じ施策を行っても良い結果が生まれるはずはありません。わかりやすい例を挙げると、価格が上から松・竹・梅の3ランクの商品がある場合、初見でいきなり一番高い松にはなかなか手が出ないものです。まず様子見として真ん中の竹、または一番買いやすい梅を選ぶのではないでしょうか。一方気に入って通ってくれる常連さんなら迷わずお気に入りの松を注文してくれるでしょう。その両方に同じ施策をやっていてはどちらにとっても中途半端に終わるのは明らかです。

　新客に対する売上施策は「新客獲得」（Acquisition）と呼び、既存客に対する売上施策は「既存客活性化」（Activation）と呼びます。

　私のかつて在籍した通販企業ではこれを明確に使い分けていました。両者の最大の違いは、新客獲得には大きな経費が必要で、既存客活性化は大きな利益を生み出すということです。

　ならば既存客活性化だけやればいいのでは、と思えますが、それでは成長が止まってしまいます。経費のかかる新客獲得でも敢えてやり続けることが継続的な成長には不可欠なのです。図にすると次のようなサイクルです。両者を分けて考えないとこうはならないのです。

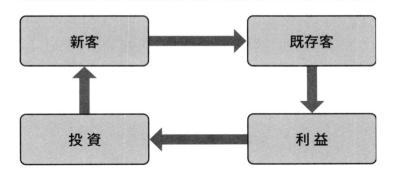

3つの戦略軸に分けて考える理由

　ひとことで売上と言っても、それは3つの異なる力によって作られています。

　まず商品そのものの**「商品力」**、次に消費者を販売場所まで呼び寄せる**「集客力」**、そして現場で実際に商品を勧める**「販売力」**の3つです。この3つの力をそれぞれ最大化する施策を考え、さらに効率的に組み合わせることではじめて売上を伸ばすことができます。実はこれが難しいのです。私が過去に従事した企業でもそうでしたが、この3つの力は違う部署が担当していることが多いのです。

　こうなると3つを効率的に組み合わせる、というのが途端に難しくなります。そもそもこの3つの部署は同じ売上を目標にしても違った見方で売上を捉えています。だから、話がかみ合わなくても当然なのです。それゆえ、同じ目的のために他の2つの力はどういう策を講じるのかを互いに知ってい

ることが非常に大事になります。

　もうひとつ厄介なことがあります。この３つの力は足し算でなく掛け算で売上を作っています。ひとつの力が完璧だとしてももし他の力が弱かったら、全体では結果が出ない、ということです。掛け算ではどこかがゼロになると全体がゼロになります。

　したがって、３つの力のどこも欠けることなく高め合っていくことが絶対に必要です。

▌ ６つのマトリクスで施策を考える

　以上のことを踏まえると、実際の施策段階では２つの顧客軸に対して、それぞれ３つの戦略軸で施策を考える必要があるということになります。合計すると、６つのマトリクスで施策が立案され実行されていくようになるのです。ややこしそうに聞こえるかもしれませんが、やってみるとこの方がより簡単に効果的な施策を考えることができます。

　今は成長のため新客を取ることがより重要なのか、あるいは収益改善のため既存客を重視した戦略を取るべきなのか、まずこの全体としての方針が施策に大きく影響します。

　そしてそれぞれの顧客軸に対して、３つの戦略軸がそれぞれ施策を出しますが、そのときに他の戦略軸と十分にシンクロしたタイミングと強度で実施できるかどうか、という見地で検討することができ、成果はより確実に表れます。

3. 利益最大化の極意
「粗利益の最大化を目指す」

営業利益を最大化するには

営業利益とは「本業の稼ぐ力」と表現されるように、日々のさまざまな施策の最終目的としての数値です。

営業利益は、売上から経費を引いた残りというのが最も簡単な考え方です（次ページ図①）。この場合売上が一定で営業利益を増やすには諸経費の削減しかないように見えます。そこから一歩進めて経費を商品原価とその他経費に分けます（次ページ図②）。すると営業利益は粗利益から諸経費を引いたものになります。

こうなると売上が一定でも営業利益を増やすには粗利益を増やせばいい、という選択肢が見えてきます。粗利益の拡大こそが利益を最大化するために最も重要なポイントなのです。

粗利益を3つの敵から守る番人を置く

最初に高い粗利益を生み出すのは高いマークアップ、すなわちプレミアムプライスを実現できるブランド力です。ここでブランドがマーケティングの最初の段階で必要になり最後に利益に貢献するということが明らかになります。さらにブランドの力によって値引・割引なしで販売できることで高い粗利益を実現できるのです。

しかし粗利益がいくらかというのをリアルタイムで確認す

利益を出すための3つの極意 23

営業利益の考え方 図①

営業利益の考え方 図②

るのは難しく、知らないうちに粗利益の低下が起きてしまう可能性は否定できません。粗利益を阻害するものは、販売時に認識しやすい値引・割引だけでなく、在庫処分損のように見えないところで発生するものもあります。

この3つの敵からせっかくの粗利益を守ってくれる仕組み、粗利益の番人が必要です。それができることに気づかせてくれたのは、アメリカのブランド企業での経験です。ここでは商品部門にプランナーという職種があり独特な方法を使って収益管理をしていました。それまで商品部門は売上だけを追うものと思っていましたが、この管理手法を使い売上と同時に在庫と粗利益も目標として一元管理していたのです。そして商品部門の最終目標としては粗利益からさらに在庫処分損を引いた部門利益（Merchant Margin）を追い求めていたのです。

まさにこれが粗利益の番人としての仕組みです。

土台作りの大切さ

以上が私の35年以上にわたる経験から抽出した、利益を最大化するための3つの極意です。

これを土台にして、これから説明する24の数式でチェックポイントをクリアしていくことで最小の時間と労力で利益を最大化できると確信しています。

ただしこれは必ずしも短期的に損益を急回復させる、といった魔法の施策ではありません。しかし経営方針やマーケット状況が変わっても極意や数字の妥当性は変わりません。

仕組みとして継続的な利益を出し続けられること、それこそがゴールなのです。

利益を出すための3つの極意

第 2 部

利益を出すための
24の数式

　利益に至る各段階で重要な「極意」をベースにして、いよいよここから具体的な数式の説明に入ります。 第1章は「ブランドを創るための数式」を説明します。次の「売上拡大」は4つのパートに分けています。まずは第2章「売上の構造を知るための数式」からはじまり、戦略軸に沿って第3章「商品力を伸ばすための数式」、第4章「集客力を伸ばすための数式」そして第5章「販売力を伸ばすための数式」へと続きます。そして最後に第6章「利益を最大化するための数式」へと至ります。

PART CONTENTS

第 1 章
ブランドを創るための数式

第 2 章
売上の構造を知るための数式

第 3 章
商品力を伸ばすための数式

第 4 章
集客力を伸ばすための数式

第 5 章
販売力を伸ばすための数式

第 6 章
利益を最大化するための数式

第 **1** 章

ブランドを創る
ための数式

「ブランド」がなぜ利益に至る最初の段階にあるのか。 実
はここが見落としがちですがとても重要なところなのです。

ブランドというものが一体どうやって利益につながっていく

のか？　そもそもブランドとは何なのか？　どうやって作り

どうやって広げていけばよいのか？　これらの疑問について、

数式を通して解き明かしていきましょう。

1 ブランド価値は 粗利益として表れる

数式

ブランド価値 =

マークアップ − マークダウン

ブランドの価値を数字で表現するなら、類似の商品より高い値付けをしてもマークダウンせずに定価で売れる力と言えます。数式の右辺を見ると、それが粗利益だとわかります。ブランド価値を上げることは直接粗利益につながるのです。そんなブランドとはどうやって作ればよいのか、そもそもブランドとは何なのかを説明します。なおここで言うマークダウンは説明上値引に加えて割引も含みます。

▶ マークアップを増やすには

ブランド価値を高めるためまず行うのが原価に上乗せする利益であるマークアップを増やすことです。外から見れば類似商品より高い値付けをするということです。

　価格が高くても価値があれば売れます。でも競合商品もたくさんあるはずで、そこで価値が認められなければ「高い」となり、当然売れません。すると、いろいろな割引企画を行って実質的に払う金額を下げ、値段の高さをカバーしたり、セール時に値引をしたりして販売をせざるを得なくなります。

　しかしそれではせっかくマークアップを高くしても、マークダウンで帳消しになり、粗利益は計画より減ってしまいま

す。

　ではどうすれば高いマークアップを確保し、マークダウンをせずに売れるようになるのか。競合する同等商品より高いマークアップでも売れる場合、それはプレミアム価格と呼ばれます。通常価格に上乗せされた部分、それこそが顧客がブランドに持つ忠誠心、ブランド・ロイヤルティによって作られる付加価値なのです。マークアップを増やすポイントはここにあります。

ブランド価値とは粗利益率の高さ

　高いマークアップを確保してもマークダウンをせずに売れることを実践しているのがいわゆるラグジュアリーブランドです。同等商品の市場価格よりさらに高い値付けができることで高いマークアップを確保し、しかもマークダウンをせずに販売することで、大きな粗利益を得ることができます。

　一見不可能に思えることを可能にしているのがブランド・ロイヤルティだとしたら、それを高めるために商品の開発、広告宣伝そして店舗立地や内外装から接客まであらゆる顧客接点に大きな費用と労力をつぎ込んでいる理由が理解できます。それらの費用と労力は高い粗利益となって戻ってくるのです。

　ブランド価値とは粗利益率の高さ。これをもっともわかりやすく説明してくれている好例だといえます。

主要ブランド企業と粗利益率

Prada Group	80.4%
Moncler Group	77.1%
Hermes	72.3%
LVMH	68.8%
Ralph Lauren	66.8%

出典：各社2023年決算より

ブランドと利益の関係

　粗利益率が高いと自然に最終利益率も高くなります。ブランドを長く繁栄させる基盤は利益であり、そのために強いブランドを創り続けるという図式です。ブランドは決して抽象的なイメージのために存在するのではなく、長期的な経営戦略の中心としての存在であるべきです。

　この考え方は決してラグジュアリーブランドだけのものではありません。アップルのように量販店でもマークダウンせずに販売できる例は多くあります。ブランド価値を高めるために多くの努力もしているはずで、その結果がブランド価値を作り高い粗利益を取れるようになっているのです。

　確かにラグジュアリーブランド商品は高価であり製造数も少ないため粗利益が高くなりやすいことはあります。ファッションアパレルのようにシーズンごとにどんどん新製品が出て、しかも品数も生産量も多いとなると、粗利益を高く保つ

難易度は上がります。しかしそのような商品でも高い粗利益を実現することは可能です。

　グローバルブランドに比べて日本企業はブランドの価値を高い粗利益につなげるという部分にはまだまだ可能性が残されていると感じます。

　レクサスやグランドセイコーなどのように、今までとは違ったアプローチでブランド価値を高め利益につなげることに成功するブランドがこれからも増える余地は大いにあるでしょう。そのためには自社のブランドではそこまで価値がないと思い込むのではなく、高い粗利益率を取るためにブランドをどうやって作るかを考えることが大切です。

　これによりグローバルで勝ち抜くための原資としての粗利益を稼げるようになります。

　かといって、今のマークダウンをやめればいいかというと、そうではありません。

　やめても売れるだけのブランド価値を作り上げながら徐々にマークアップを高め、マークダウンを抑えていくという順序が必要です。何も価値が変わらないのに粗利益が上げられるほど消費者は甘くありません。

　なお、ブランド価値というとブランドの時価総額が使われることもあります。

　それはあくまでもその「ブランド」ではなく「企業」の価値を示す指標のひとつだと思います。ブランド価値は短期で大きく膨らんだり棄損したりするものではないからです。

第 1 章　ブランドを創るための数式　　　33

ブランドの本質は創業者の世界観

では価値のもとになる「ブランド」とは一体何なのか。実は戦略上見かけは同じに見えても、それぞれのブランド価値を支える本質の部分があります。

それが創業者の魂とも言える「世界観」です。

創業者の強烈な世界観によって年月を超えて揺るぎないブランドが作られていくのです。これこそがブランドの本質であり、出発点です。

私が初めてブランドに関わったのはアメリカのアウトドアブランドであるエディー・バウアーの日本上陸時でした。

当時、私自身は正直言ってアウトドアやアウトドアウエアにはそれほどの関心があったわけではありませんでした。しかし会社を知るほどに、創業者であるエディー・バウアー氏の持つ世界観に強く惹かれるようになっていきました。自身のサインがブランドのロゴにもなっていた創業者は、ハンティングやフィッシングはプロ級のアウトドアマンで自身のスポーツ用品店を開いた、とここまではありそうな話です。

しかしその先が普通ではありませんでした。

ある日フィッシング旅行中に突然の雨で低体温症になりかけたことをきっかけに、アメリカで初めてダウンジャケットを開発し特許を取得したこと、必要なものが世の中にないなら自分で作る、という方針を貫きバドミントンのシャトルコックでも特許を取ったこと、製品の品質には絶対的な自信を持っているので業界では異例の無条件返品を掲げていたこと、

その評判を聞いてアメリカ初のエベレスト登頂隊の装備や軍のフライトスーツの供給を任されたことなど。そんな彼が作ったビジネスに参加できるなんてなんと名誉なことか、といつの間にかブランドの大ファンになっていったのです。*1

　そうなると同じ商品でも見え方が全く違ってきます。
　その裏にある創業者の世界観が一緒に見えてくるからです。そしてそのすごさが誰からも見えるように、社員にも伝達し広告やPRでもまず創業者の世界観を伝えることを第一に活動していきました。
　そうして社員はみなブランドの大ファンになり、やがて消費者にも伝わっていき、事業は短期間で大きく成長することができました。

　ブランドの本質たる創業者の世界観とは何か。それは**「世の中の人々に何かを与えたい」**という強い願望とそれを実現するための尋常ならざる努力であると言えます。この姿勢が人々の共感を呼ぶのです。世の中に広がるブランドには必ず世界観を持った創業者の存在があります。
　強い個性があるブランドや企業は、例外なくこの創業者の世界観を、時代を超えて大切にしています。先に挙げたシャネルはその代表例です。古い価値観から女性を解放するという創業者ガブリエル（ココ）・シャネルの世界観が今も息づいていて、ブランドのHPでも創業者と歴史が多くの動画とともにアーカイブされています。
　アップルでもその製品を手に取るとき、創業者のスティーブ・ジョブズを思い浮かべる人は多いのではないでしょうか。

だから価格は気にならず、その世界観を感じない他社の製品に目移りすることもないのです。

　日本でもホンダやソニーなど、今も企業の価値観の根底に創業者の世界観が反映されていると感じる企業は少なくありません。それをブランドの本質と認識しブランド価値の基礎として粗利益の源泉になるよう生かすことに、これからまだまだ可能性が残されているようにも思えます。

＊1　The Legend of Eddie Bauer by Robert Spector 1995 Greenwich Publishing Group Inc

2 ブランド認知度は どうやって上げるのか

数式

ブランド認知度 ＝
認知者数 ／ 対象者数

ブランドを測る指標として代表的なものがブランド認知度です。ただし、ブランド名がどれだけ認知されているかを追っても意味はありません。ブランドの本質、創業者の世界観が認知されていなければ消費者との間にブランド力としての心の絆は生まれないからです。ブランドの本質の認知を広げるためにはその伝え方が最も大事なのです。

助成想起と純粋想起

認知度といっても調査方法には2通りあります。

そのひとつで最もポピュラーなのが**「助成想起」**という方法です。これはブランド名を出してそのブランドを知っているかを尋ねるものです。類似のものを含めていくつか見せるとその中での認知度の高さの順位もわかります。

認知度を高める理由は、聞いたことのないブランドよりも知っているブランドの方が信頼度は高く、買ってくれる可能性が高いだろうということです。体感的には30%以下だと知る人ぞ知る状態、70%以上だとほとんど知っている状態です。

私が日本上陸に関わったブランドの場合は、事業開始時は10%前後の認知度でしたが、数年後全国展開したあとは70%

第 1 章　ブランドを創るための数式　　37

台に近づいたということがありました。また別のブランドではすでに日本で浸透していた中で、男性はほとんど知らなかったのに女性はほぼ全員知っていた、ということもありました。

　一方の**「純粋想起」**は、ブランドの属する業種や品種の中で知っているブランドを挙げてもらうもので、ノーヒントです。この場合は単に名前を「聞いたことがある」というより何か強い印象を持つ「知っている」状態と言えるでしょう。助成想起より競合の中で選択される優先順位が高いことをこの数値で確認することができます。

　両方の指標とも、自社ブランドが世の中に広く知られている状態になる、というのがわかるとうれしいものです。しかしそのためには膨大なコストがかかるでしょうし、その結果がそのまま売上に反映するかといえばそうとも言い切れません。売上が拡大した結果、認知度も上がっているとも言えるからです。

　認知度はブランドにとってひとつの指標ですがそれを上げることが目的になってはいけないのです。

ブランドの好感度

　それを補うのがブランドの好感度を測る調査です。ブランド名だけでなく、そのブランドに対してどういうイメージを持っているかを調査するのです。

　ここで一番知るべきことは、ブランドの本質がどれだけ伝わっているのか、ということです。ブランドの本質が伝わら

なければ、長期的にブランドの価値を高めることはできないからです。

でもブランドの本質はそう簡単には伝わりません。ブランド本質である創業者の世界観とは、**「世の中の人々に何かを与えたいという強い願望とそれを実現するための尋常ならざる努力」**である、とお話ししました。

しかしそこまでの内容を広く社会に伝えていくことは簡単ではありません。「本質」は大事なのですが、伝えにくく、伝わりにくいのです。

現実的にはもっと表面的なイメージの方が広く伝わります。広告や店舗、商品から直接的に得られるイメージです。こちらもとても大事ですし、ここでネガティブなイメージがつかないようにすることも必要です。

そしてもっと大事なのがそのような表面的なイメージが本質とずれていないようにすることです。

▶ ブランドの本質を伝えるには順序が大事

ではブランドの本質を伝えるためにはどうすればよいのでしょうか。その答えのひとつは**「伝える順序を守る」**ということです。

創業者の世界観は創業者個人から始まります。それを最初に伝えるべきなのはともに仕事をする社員です。いくら強い意志と大きな望みを持っていてもそれを一人では実現できません。必ずともに力を合わせる人々、組織が必要になります。まずはその人たちが世界観に共感し同じように情熱を持って

第1章　ブランドを創るための数式　　39

その世界観を実現させようとすることが必須なのです。

　アップル創業者のスティーブ・ジョブズは自分の組織についてこう言っています。

「うちの会社には一風変わったタイプの人が集まってくる。難しい事に挑戦したい、宇宙に少しでも爪痕を残したいと心から思っている人たちだ」*2
「アップルのみんなを結び付けていたのは、ここなら世界を変えるようなものが作れるってことだった」*2

　ここからアップルの社員がみなスティーブ・ジョブズの世界観を共有していたことがよくわかります。あるいは世界観を共有できる人たちだけを集めていたということもあるでしょう。

　このような組織でなければ消費者に広くその世界観を伝えるような製品を生み出すことは難しかったでしょう。

　社員間で世界観を共有できたら、次に伝えるべき相手は顧客です。世界観を共有する社員の中には、最前線で販売に携わり直接消費者と接触するスタッフも含まれます。というより、その人たちこそ世界観を次の相手に直接伝えるという最も重要な役割を果たすのです。

　創業者から直接顧客に伝えることには限界があります。今ならネットを使えるのでそこで最大限に発信することは必ず行うべきです。それでも販売現場で毎日新たな人々に直接伝えられるというスケールメリットは計りしれません。

　それゆえ販売現場のスタッフはブランドの伝道者としてエ

40

ヴァンジェリストと呼ばれることもあるくらい、その役割は
とても重要です。

　ブームだからとただ商品をさばくだけの接客になってしま
っては、顧客はすぐにいなくなってしまいます。主要の販売
チャネルが卸売りであるナイキが直営店ナイキタウンを作っ
た理由のひとつは網羅的かつ創造的にナイキのイメージを伝
える売り方をしたかったから、ということがあったのもうな
ずけます。*3
　そして顧客になった人たちから最後に社会、すなわちまだ
使っていない人たちへと伝わっていきます。この段階では情
報はいろいろなところから入ってきますから、いろんなイメ
ージが出来上がります。
　その中で世界観まで含めて伝えてくれるのは、他でもない、
世界観を共有して顧客になってくれた人たちなのです。

　ディズニーの創業者ウォルト・ディズニーはこう言ってい
ます。

「ディズニーという名前は大衆の心の中にあるひとつのイメ
ージのようなもの。ディズニーといえばある種のエンターテ
イメントが頭の中に浮かび、家族ぐるみで楽しめる娯楽がす
べてディズニーという名前の中に含まれている。だから僕自
身はもうディズニーじゃない」*4

　これは世界観の伝達が成功したことがわかる好例です。最
後は世界観が創業者を超えて社会に共有される、それがブラ

第1章　ブランドを創るための数式　　41

ンドの理想の姿なのです。

　この順序を飛び越えて、たとえば広告によって一気に社会
にブランドを広げようとしても本来の目的であるブランド価
値の最大化に結びつけるのは難しいということがよくわかり
ます。

＊2　『スティーブ・ジョブスの生声』（ジョージ・ビーム：編／文響社・
　　　2022年）
＊3　『ザ・ブランド・マーケティング』（スコット・ベドベリ＆スティーブ
　　　ン・フェニケル：著／実業之日本社・2022年）
＊4　『ウォルト・ディズニー　創造と冒険の生涯』（ボブ・トマス：著／講
　　　談社・2010年）

3 ブランド・ロイヤルティを 支えるストーリーの存在

数式

ブランド・ロイヤルティ ＝

商品満足 × 告知満足 × 接客満足

顧客とブランドとの主な接点が3つあります。まず、商品そのもの、接客、そして告知です。顧客はそれぞれと触れてブランドへの満足を感じます。すべての接点で高い満足を得た場合、顧客はブランドを信頼し使い続けます。これがブランド・ロイヤルティです。ブランド力である心の絆はここに具現化するのです。

ブランド・ロイヤルティを実現する付加価値

　市場には通常より高い値付けでも売れている商品があります。価格を上乗せしてもそれが付加価値として認められているという何ともうらやましい商品です。その「上乗せされた価格」を**プレミアムプライス**と言います。

　商品原価が同じでも、マークアップに上乗せできる額が大きいのです。そして付加価値があるから割引・値引に頼らずに販売できる。その付加価値こそがブランド・ロイヤルティです。

　どんなブランドでも商品や告知、接客には基準があり、大きく変わるわけではありません。その中で付加価値とは何によって出てくるのでしょう。それが**「ブランドの本質＝創業者の世界観」**を共有することで生まれるブランド力＝心の絆で

第**1**章　ブランドを創るための数式　　43

あることは明らかです。

　これが各接点での対応を支える基盤になっていれば、差別化できて付加価値を生むことができるでしょう。しかし創業者の世界観をすべての相手に詳しく説明するということも現実的には不可能に思えます。

付加価値を伝えるにはストーリーが必要

　ブランドの本質を伝えるためには「伝える順序を守る」ことが大事と説明しました。そこでもうひとつ大事なことが「ストーリー」として伝える、ということです。目指す世界観を簡潔にわかりやすく伝えるための方法です。

　たとえば、先にお話ししたエディー・バウアーの日本上陸の際は、「ダウンジャケットの発明」と「無条件返品」というのをキーワードにして一番の強みである伝統と品質を伝えていきました。これによってブランドの価値を実現しようとしたのです。

　彼の生涯は本になるほどですが、それを全部伝えるわけにはいきません。広告の一文、接客のひとことでブランドの本質が伝えられるようなシンプルなキーワードによる「ストーリー」を作ることがとても有効です。

　シアトル発祥のスターバックスコーヒーは、日本の上陸以来「サードプレイス」という概念を提唱してきたと言っています。

　サードプレイスとは、自宅でも職場でもない、第3のリラックスできる場所のことです。この原点は1980年代に幹部

が語ったという言葉に表れています。

「バーガーショップは客の腹を満たす、いいコーヒーハウスは魂を満たす」[*5]

　この時点からスターバックスが目指す付加価値は決まっていました。そしてサードプレイスという言葉が、魂を満たすという抽象的な概念をわかりやすいストーリーとして伝えていくことができたのでしょう。

誰が伝えるか

　このようにプレミアムプライスが受け入れられるには広く社会にそのブランドの付加価値が浸透していることが必要です。ではそれは誰がどうやって伝えるのでしょうか。

　ブランド伝達のあるべき経路としては、社会に伝えるのは顧客。ブランドの本質に共感した顧客が他の人にもそれを伝えていく、といういわゆるクチコミです。

　従来のクチコミは対面ですから伝達できる人数は限られていましたが、現在はSNSによって伝統的なマスメディアに匹敵するような伝達力を持ちうるようになってきています。それゆえ「ストーリー」の存在は今まで以上に大きな役割を持つようになりました。

　企業側もそれを利用する動きが高まっています。いわゆる**「ファンマーケティング」**です。まず自ブランドの熱狂的なファンを対象にその人たちが喜んでもらえる施策に特化する。

第1章　ブランドを創るための数式　45

それに満足したファンが周りにその体験を発信してくれることで新たな顧客が生まれるというものです。

ブランドのストーリーを理解し共感する人からの発信は通常の広告にはない力があります。

特に近年はモノの価値以上にそれを使うことによって得られる体験の方により付加価値を感じる傾向があるため、ストーリーの発信による事業の拡大はますます重要性を増していくことでしょう。

▌ストーリーを絶やさないために

企業が大きくなったり創業者が社内から去ってしまったりすると、顧客への伝達が危うくなります。

そのため社内でストーリーを発信し続けるために専門の役職を置くことも増えています。それが**「ストーリーテラー」**と言われるポジションです。

ナイキには1990年代からCSO（Chief Storytelling Officer）が存在していました。マイクロソフトでもかつてはChief Storytellerの役職を置き、マイクロソフトがどのような企業であるか、そしてそのテクノロジーと人材が世界にどのような影響を与えているかを発信する支援をしています。これもブランドの価値を伝えることをいかに大切にしてるかがわかる例です。

▌ストーリーなき伝達では意味がない

「創業者の世界観」がストーリーを通して社員に伝わったと

き、それは「ブランド・コンセプト」に変わります。それが今度はストーリーを通じて顧客に伝わると「ブランド・イメージ」になります。ブランド・コンセプトやブランド・イメージという言葉は、一般的に使われている言葉です。

本質と関係ないところで考えられたコンセプトやイメージは単に表面的なものにすぎません。ブランドにとって広告のクリエイティブやロゴ、そしてタグラインなどは非常に重要なのですが、それがブランドの本質たる創業者の世界観を反映していなければ、ブランドの強さである心の絆を作ることができないのです。

社員や顧客を通り越して広告のイメージだけで社会にアピールしようとしても本当の成果は期待できません。

▌ ブランドを棄損するものとは

ブランドは単なるイメージではなく、売上を伸ばし利益を上げるための出発点なのが具体的にイメージできたと思います。ブランドにとって良くないのは売上が上がらないこと、そして利益が上がらないことです。

ブランドの棄損には慎重な対応が必要ですが、間違った認識が対応を誤らせることがあります。規模が拡大してタッチポイントが増えるとブランドが棄損する、希少性や飢餓感が重要だ、というものです。

ようやく売れだして成長していく過程になったら、それを抑制する理由はありません。品質が担保できる限りのスピードでこの千載一遇のチャンスを生かして拡大すべきです。

第 1 章 ブランドを創るための数式　　47

そこで急に増やして手に入りやすくなると価値が棄損する、と考えるのは間違いです。拡大によってブランドが棄損するのではなく、無理な拡大計画が失敗し売上が低迷、利益が減少することで行われる後ろ向きの施策によってブランドが棄損されるのです。規模が拡大するのと時間がたつのにつれて当初の珍しさや新しさが消えるのは当然です。それをブランドの棄損と考えて成長スピードを落とす必要はありません。すべてうまくいっているときこそ採算見通しやリスクヘッジが甘くなることには十分注意が必要です。

創業者以外がブランドを創るには

3つの数式を通じてブランドを創りその価値を上げることで利益を最大化する仕組みをお話ししてきました。すべてのもとになるのは本質である創業者の世界観でした。

現実には、きれいにわかりやすく創業者の世界観があって今も脈々と続いているという例はそれほど多くない、むしろ少数派かもしれません。それが理想ではあっても実際は創業したあといろいろ試行錯誤を繰り返しやっと今の形にたどり着いた、ということも多いはずです。

創業者の手を離れ、事業が新しい投資家に買い取られ、新しい方針で成長した、ということも多々あります。

これは欧米のラグジュアリーブランドでも一般的なことです。その場合は新たな投資家が元の創業者に成り代わり、新たな創業者としての強い意思を持ちそれを発揮しています。ですから、形にとらわれる必要はないのです。

リブランディングという言葉もよく使われますが、ブラン

ドの本質としての世界観を刷新する、というところまで踏み込まないと本当のリブランディングはできません。

　ブランドの本質となる世界観を持つことは大切です。それを本質としてストーリーを作り、順序を守って伝えていく。これができれば、大きなブランド価値である高い粗利益を実現することはできるはずです。

＊5　『ザ・ブランド・マーケティング』（スコット・ベドベリ＆スティーブン・フェニケル：著／実業之日本社・2022年）

第 2 章

売上の構造を知る
ための数式

　ブランドの次は売上です。「ブランド創出」が利益の基盤を作る段階だとすると、「売上拡大」はブランドを付加価値として具現化する段階と言えます。そのためには商品、告知、接客それぞれで顧客満足を高められる施策を行うことが必要です。ここで6つのマトリクスがその効果を発揮してきます。

4 売上は新客と既存客に 分けて考える

数式

売上高 =

新客獲得	+	既存客活性化

売上を拡大する施策を考えるときに重要なことが、新客と既存客に分けて考える、ということです。この考え方は利益と成長のサイクルを作るうえで基本的なところでもあります。

▶ 新客獲得と既存客活性化

新客の売上施策のことを**新客獲得**（Acquisition）と呼びます。一方既存客の売上施策は**既存客活性化**（Activation）です。売上はこの2つの異なる要素の合算でできています。

そもそも、新客と既存客では経営的な意味が異なります。新客を獲得することは、企業の成長には不可欠です。しかし新客獲得には大きな費用がかかります。それだけではいつまでも利益は出てきません。

利益を生むためには、新客が既存客となって繰り返し購入してくれるようになる必要があります。したがって、新客は獲得する人数が真の目的であり、既存客はそこから生まれる一人当たりの生涯売上高が真の目的となるのです。

新客や既存客と言うとそれは集客の話だから、広告宣伝とかマーケティングなどの名前の付いた部署が考えることだと

52

思われるかもしれません。実際に集客力の分析では新客売上と既存客売上は大切な分析軸となります。

しかしこれは商品戦略や販売戦略においても同じように重要な指標なのです。実際には、集客を担当する部署も含めてほとんど意識されていないのが実情だと思います。

新客と既存客の違い

	目 的	費用効率
新 客	客数	低い
既存客	売上高	高い

▶ 新客と既存客の循環がビジネスの成長を支えている

既存の利益で新規の投資を行い、成長のサイクルを作ることがとても重要です。これを今度は顧客の面からさらに深く考えてみましょう。

どんなビジネスでも最初には既存客はゼロですから、すべて新客として獲得することから始めます。

ブランド名を聞いたこともない人に、一度も見たことのない商品を買ってもらうことは大変です。そのために企業は膨大なお金を使います。ありったけのお金をつぎ込んで新製品を売り込まないと見ず知らずの人は決して振り向いてはくれません。**この一連の施策が新客獲得です。**

しかし、新製品発売のときにつぎ込んだような高額の広告費をその後も継続したら会社は大赤字になるでしょう。基本的に新客獲得という行為は赤字、つまり採算は取れないことを承知でやるもの、いや、やらなければならないものなのです。

　ではその赤字はどこで取り返すのでしょうか。それは、一度買った新客が既存客となって再度購入してくれること以外にはありません。

　既存客の再購入には新客獲得のようなお金は必要ありません。商品が良くて気に入ってくれれば、自然にまた買ってくれることもあるでしょう。

　ただし大きな初期投資を回収するにはさらに何度も買ってもらうような施策がたくさん必要になります。これらの施策が**既存客活性化**です。こちらが利益のもとになるというのはおわかりいただけると思います。

　既存客活性化によって新客獲得に投下した費用を回収するだけでなく、次の新客獲得の原資を生み出す。これにより継続的に高収益のビジネスを続けていくための流れを作ります。

　図に表すと次のようになります。

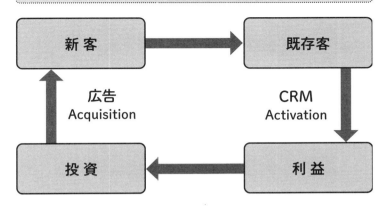

新客と既存客のバランスが成長と衰退を左右する

　小さな駅の商店街のにずれに人知れずたたずむ昔ながらの居酒屋。こんな光景を想像してみてください。

　探しても見つけるのは難しい場所なのに、いつもお客さんが入っている。まるでそこに住んでいるみたいに毎日来ている常連さんがいるのでしょう。そんな常連さんだけで店が続いている。

　おかみさんは言います「儲けはないけど、お客さんが喜ぶ顔が見たいからね」。いえいえ、利益が出ているからこそ長く続けられているのです。これが既存客ビジネスのパワーです。

　そんな商店街の一等地に新たな店ができました。ちょっと前にはタピオカ店があり、高級食パンの店に変わったと思ったらもう唐揚屋になっていたという場所です。

　どれもできた当初はお客さんが行列を作っていましたが、

ほどなく行列がなくなったな、と思っていたらいつの間にか店も消えていた。新しい店もいつまで続くのやら……。これが新客だけに頼るビジネスの怖さです。

最初は新客獲得に専念しなければなりませんが、既存客活性化の施策はそのときから始めていかなければならないのです。

次の図を見てください。これは企業の成長と新客・既存客の関係を極端に単純化したものです。

ほぼ新客の創業期から、既存客の増える成長期を経て、新客は減っても既存客が増えるという安定期に入ります。これを見ると創業期には次の段階に行くため早めに既存客を活性化させる策を実施しておくことが必要だとわかります。

成長が鈍化するに伴って、経費を抑えて効率的に使って利益を伸ばそうという機運が高くなる、これが安定期の特徴で

企業の成長と新客・既存客との関係

| 創業期 | ▶ | 成長期 | ▶ | 安定期 | ▶ | 衰退期 |

す。そうなると収益の悪い新客獲得よりも既存客活性化に施策は自然と偏っていきます。

　注意すべきはこれが行きすぎると、新客が減って成長が止まり衰退に向かうということです。その先は常連さんだけの居酒屋状態です。新客獲得は一定の割合で継続していかなければならないのです。

　これにより衰退期に入らず安定期を続けることができるのです。

　私があるブランドで店舗運営を受け持ったときは安定期に入る状態でした。そのときまず注力したのが既存客活性化でした。すでに強固な顧客基盤があったのでまずそこを活性化することが早道であり効率的だったからです。

　これで収益を向上させた次に新客獲得への注力を再開しました。店外イベントなどを大規模に仕掛け、店舗も改装し接客スタイルも変え、将来に向けて成長の種まきをしたのです。

　このように新客獲得と既存客活性化の使い分けがビジネスの成長にはとても大切なのです。

▶ 新客獲得するには何が必要か？

　次に新客獲得の施策では何に気をつければいいかを考えましょう。

　まず商品面。新客・既存客は集客策で考えることで商品面は関係ないのでは、と思われる方もいるかと思いますが、そんなことはありません。商品面でも押さえておくべき大きな

違いがあるのです。それを2つご紹介しましょう。

　ひとつ目はトレンド性です。新客というのは常に新情報が渦巻くマーケットの中から獲得しなければなりません。

　マーケットの動きを無視しては獲得できません。まず今これが流行っているという具体的な流行商材を選ぶことが考えられます。敢えて競合の激しいレッドオーシャンに飛び込むようなことですが、流行というのは一時的にマーケットが広がっている状態なので、最初に飛び込むにはやはり絶好のマーケットです。

　流行と言えば代表的なのがファッション業界です。従来は毎年大きなトレンドが発表されそれが流行を作っていました。しかし近年は情報が瞬時に手に入りその場で製品も入手できてしまうため、この手法が使えなくなってきています。

　代わって消費者が頼る情報が信頼できる人からの発信になっています。この場合はモノだけでなく、モノの持つ生産背景やデザインなどに込められたストーリーにこそ共感するというケースも多々あります。

　新客獲得のための商品企画は今やモノだけでなく込められた世界観まで踏まえて行う必要があります。

　もうひとつは価格です。初めてのブランドで買い物をするときにいきなりたくさん買う人は少ないでしょう。

　初めて店頭に来たときは、まず自分に合うブランドか、そして欲しいものがあるかを吟味するところから始めなければいけないからです。それに合格するとやっとひとつ試してみる、という段階に進みます。そのため新客獲得の手段とする

商材は商品群の中で比較的買いやすい価格帯であることが必要になってくるのです。

せっかく大金をはたいて店に来てもらった新客候補者ですから、まずは何か一品買っていただくことが何より大切です。

次に販売面ではどうでしょうか。新客は既存客とは来店時から心理状態が異なります。スポーツジムにたとえてみると、毎日来る会員さんと、興味を持って体験入会してみようかという人ほど違いがあるのです。接客は全く変わってきます。

体験入会の人にいきなりバーベルの負荷は何kgがいいか、とは聞かないでしょう。まずはどんな設備があってどのような使い方をするか、他と比べてどんな特徴があるか、値段は、などを説明しなければなりません。

物販も同じです。悪い言い方をすれば面倒臭いのです。一見さんにはあまり感じがよくないお店が散見されるのもこの面倒を避けるのが原因です。

しかしこれがブランドの成長を止めてしまう非常に危険な状態を作るのです。

このことがわかっている店舗では初めての来店ではより親切な対応がなされ、無理に商品の購入を勧めてくるようなことはありません。入店者がスタッフに対して、この人は感じがいい、無理に売りつけない、という信頼感を持つことができると購入へのハードルは格段に下がります。

この信頼感を作れることが接客のスキルの中で最も高い技術です。一番優秀なスタッフとは多くの既存客を抱える人というのが通例ですが、実はその人は新客獲得のスキルが一番高い人でもあるのです。

第2章　売上の構造を知るための数式　　59

既存客活性化の施策

　既存客活性化にも留意すべきことがあります。

　商品面では、まず新客獲得で重要だったトレンド性については重要度が下がります。既存客にとってはそのブランド自体が大きなトレンドのようになっているからです。価格も新客と比べて許容度はぐんと上がります。すごく乱暴な言い方をすれば、何でも買ってくれるのです。

　実際にはそんな都合のいいことはないのですが、新客獲得と比べるとハードルが低いのは確かです。これが続くと新製品に対する評価が甘くなってしまう懸念があります。ここで楽をすると競争力にも影響が出るので要注意です。

　既存客活性化に影響する要素として定番商品の扱いがあります。気に入った商品はまた買いたいと思うのが普通です。

　スキンケア商品などは典型的なリピート商材で、何年も同じものを使い続けてくれる既存客が収益を支えています。ところがアパレルになると作り手側が毎年違う商品を出さなければいけないと思いがちです。

　全く正しいのですが、では今年と同じものを来年出したら本当に売れないのでしょうか。

　私がアパレルの無店舗販売をやっていたときは、売上トップ10％に入る商品は必ず翌年も継続しなければならない、という本国からの指示がありました。

　最初はそんなことあり得ない、売れるわけがない、と社員全員思っていましたが、実際に翌年もかなりの売上をたたき

出すのを見て、誰もが納得したものです。

　高い実績のある商品はたとえファッション商品であっても、不確実な新製品よりも必ず確実に売れるのです。これをせず前年までのすべての企画を毎年捨ててしまうのは単なる資源の無駄遣いであり、今の社会のニーズにも合いません。

　定番商品を守ること。これが既存客活性化では大きなポイントになります。同じまま出すのではなく、せっかくなら改良を重ねて、というのはより正しい方向性です。ユニクロのヒートテックも年々進化して売上も拡大しているのが好例です。

　販売面でも既存客活性化にはポイントがあります。

　商品面では既存客はそのブランドなら何でも好きという話をしましたが、店舗の場合はこれに加えて、その人からなら何でも買うという傾向があります。こういう関係性になると既存客はすでにモノを買いに来ているのではなく、接客にお金を払っている状態に近くなります。

　トップクラスの販売スタッフになると、得意客が買おうとしたものをそれはこの前買ったのと同じだから、と言ってあらかじめ選んでおいた別の商品を勧めたという話もよく聞きました。

　これを一歩進めて、スタッフがアーティスト、店舗はそのパフォーマンスを見せるステージ、と設定して販売トレーニングを進めました。これは店舗が「体験を売る」場所に変わる必要がある今、本質的に必要なことだと強く思います。

5 売上を伸ばすために 必要な3つの力

数式

$$\text{売上高} = \boxed{商品力} \times \boxed{集客力} \times \boxed{販売力}$$

売上を拡大するとき、必要なのは何か。いくら商品が良くても消費者が来ないことには売れようがありません。さらに来てくれれば終わりかというと、それだけでは買ってくれるとは限りません。どうやって売るか、売り方も大事なのです。商品、集客、販売の大きな3つの軸でそれぞれの力を最大限発揮して、初めて商品であるモノやサービスが売れます。注目していただきたいのは、この数式が掛け算になっていることです。3つの力のどれかが欠けていたら、全体の目標は達成できないのです。

▶ 3つの戦略軸は連携しないといけない

　1990年代に飛躍したナイキの場合を見てみると、エアジョーダンというアイコン商品、Just Do It という強力な広告キャンペーン、そしてナイキタウンという全米各地につくられた先進的な直営大型店、という強力な武器を持った3つの力が結集して生まれたということが見て取れます。

　ユニクロが90年代後半以降地方のチェーン店からグローバルブランドへと飛躍を遂げるきっかけも、フリースというアイコン商品、アメリカの製作会社を使ったTVCMキャンペーン、そして初の東京（原宿）出店という大きな力が結集したことが原動力となったことは間違いないでしょう。

大きなムーブメントを作るにはこのように３つの力が高い次元で結集することが不可欠なのです。

　ところが、実際にはこの３つの戦略軸は、違った組織で担当していることがほとんどです。それゆえ力を結集することが難しい。

　それぞれ独自で目標を作って進んでしまわないように、あらかじめ共通の目標を作り、それを個々の戦略に落とし込み、いつでも互いに進捗をチェックできるような仕組みを作ることで、３つの力を効率的に成果につなげることができます。

▶ ３つの違う側面から見るから力が出る

　３つの力はたとえ違う部署が行っていても、目標は同じ「売上」です。ただ売上の捉え方が全く違うのです。だから、一見全く違うことをやっているように思えます。

　商品軸では**「売上＝商品１＋商品２＋商品３ ……」**と捉えています。

　集客軸では**「売上＝新客売上＋既存客売上」**で達成を目指します。

　販売軸では**「売上＝客数×客単価」**で考えます。

　同じ売上を３つの違った側面で捉え、別々のアプローチで力を出すからこそ、大きなパワーが生まれるのです。これは大きなメリットであり、最大限に生かすべきだとわかります。

　さらに実際の現場ではこれらが複雑に絡み合って売上を作

第**2**章　売上の構造を知るための数式　　63

っています。全く別のアプローチをしてもそれぞれは密接に関係し合っているのです。

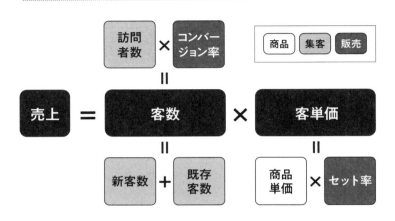

3つの力の相互作用

この図は単純化していますが、実際の現場では3つの力がいろいろ絡み合って売上につながっていることがよくわかると思います。

商品力とは

3つの力の中で最もわかりやすいのが商品力です。これが売上と利益の源泉ですから当然です。

では商品力を伸ばすにはどうすればよいか。売れるものを作ればいいだけでは、と思われるかもしれませんが、すでに多くの商品がありながら常に新しい商品も作り出されるとい

う中では、すべてを売れるようにすることはなかなか難しいことでしょう。

完成度で妥協しない

　まずはひとつひとつの商品の完成度を高める、というのが基本です。商品点数が多くなるとどうしても前例踏襲でこのくらいで売れるだろう、という商品が出てくることも考えられます。そこで妥協せずに完成度をどこまで求めるか、が問われます。

　製品の細部までこだわって完成度に妥協しなかった例としては、アップル社のスティーブ・ジョブズの仕事が挙げられます。

　確かに商品には圧倒的な完成度があり、群を抜いた商品力を持ってマーケットシェアを取っています。ところが実際に世の中で売られている商品を見ると、そこまで完成度を突き詰めたのか疑問に思ってしまう商品も多く見られるのも事実です。むしろ割合としてはその方が多いかもしれません。

　完成度という中には物理的な性能という客観的に理解できる部分だけでなく、味や香りやデザイン性など五感に訴える主観的な要素も数多くあるからで、その完成度の判断は属人的にならざるを得ない部分もあるから難しいのです。

　日本企業はスペックを追求することにおいては完成度の高い商品を作ることに成功してきていると言えます。しかし感性的な部分、特にデザイン性についてはまだまだ改善の余地があると感じています。

　一方、マンガやアニメのように世界的に支持を得られる素

材も多いので、クリエイティビティはむしろ優れているはず
です。ファッション業界でも早くからグローバルに活躍する
デザイナーを多く輩出しています。

　この豊かな感性をもっと一般の商品デザインにも取り込ん
で完成度を追求することで、グローバルに成長する際の商品
開発に大きな武器とすることができるはずです。

看板商品に集中する

　そうはいってもすべての商品の完成度を一律に高くするの
はなかなか難しいことです。一番完成度を追求した商品がな
ぜか売上では下位に甘んじてしまっている。あまり期待して
いなかった商品がなぜか非常に売れている。こういうことは
日常茶飯事です。

　一度結果が出たら、やるべき対応は明らかです。一番売れ
ている商品を徹底的に強化して伸ばすことです。まずは結果
が出たらその数字に素直に従うことです。

商品力を陰で支えるもの

　商品力と言うとその現物そのものだけ見てしまいがちです
が、実は陰で支える多くの力があるのです。

　アメリカの小売業では商品部門が売上だけでなく仕入量、
仕入価格、値引・割引、粗利益そして在庫処分損までを管理
しています。これらの要素がすべて売上と利益につながり、
商品力の重要な一部を作っているのです。

　どれだけのマークアップを乗せるか、どれだけ余剰を出さ

ない発注管理をするか、どれだけ売り逃しを出さないか、どれだけ利益に効果的な値引・割引に抑えられるか、これらすべてを合わせて、初めて売上と利益につながる真の商品力となるのです。

集客力とは

　商品がいくら優れていても人が来てくれなければ売上は上がりません。これが集客力です。狭い意味でのマーケティングと呼ばれる分野に近いです。

　集客力は広告、宣伝、PR、販促などを担当する部署が手掛けていることが多く、それゆえ広告に代表されるように告知をすることが目的と思われがちです。まずは認知度を上げることのために行うと思われやすいですが、販売する場所がなければ広告などしないように、目指すのは売上であり、そのために消費者に販売現場に来てもらうこと、それが売上につながります。

　同時に非常に誤解が多いところだと感じています。経費的には非常に大きいにもかかわらず、その業務が売上に直結して考えられていないことが多いのです。売上への寄与度が計測しにくい、というのもあったと思います。

　しかし現在ではマスメディア広告であっても売上への寄与度を計測するサービスにありますし、これだけ商品発売そして消費者の興味の移り替わりが早い中で、まずは認知を、という発想では非効率すぎます。

　ラグジュアリーブランドはイメージだけの広告をしている、と思われるかもしれませんが、よく見てみるとそれも必ず売

りたい商品の広告になっています。そして売上に直結しやすいイメージを選択しているのです。

　集客のポイントは前に説明した通り、新客と既存客に分けて考えることです。それには多くのチェックポイントがあり、すべて売上と利益に直結します。

販売力とは

　3つ目の力は販売力です。商品力があり、集客力があっても、それらの力を最後に売上につなげるのはこの販売力です。ここが弱いといくら強い商品を持ち強力な集客をしても売上にはつながりません。

　有店舗ではスタッフの販売力だけだと思われがちですが、実はそれだけではありません。

　スタッフ以外にも店舗の位置、デザインそして什器やサインやVMD（詳細は83ページ）などすべてが販売力につながります。ウエブサイトでも全く同じです。検索のしやすさから始まってサイトの構造、使いやすさ、レスポンスなどすべてが販売力です。

　たとえとして、商品を探すために画面の下の方へスクロールしなければならないのは、店舗で奥の方まで歩いていかないと見つけられないのと同じ、クリックして次の画面にいかないといけないのは階段で2階に上がらなくてはいけないのと同じ、と言ってきました。

　販売感覚のないままウエブサイトのデザインをしてしまうとこのようなことが起こりがちなので、注意が必要です。

第 3 章

商品力を伸ばす
ための数式

何を売るか、がビジネスの始まりです。まずは売り物で
あるモノやサービスの力を伸ばすことが必要です。商品力
が高いとはどういう状態なのか。商品力をより強くするに
は何を見て判断すればよいのか。これらを数式で確認して
いきましょう。さらに商品力を損なう原因にもきちんと対
応できるよう、準備しておくことも忘れてはなりません。

6 最強の商品をさらに強くする

数式

商品力	=		
最強商品	**/**	**平均商品**

この数式は、最も売れる商品が平均よりどれだけ強いかを示します。同時に「最強の商品の売上が大きくなるほど全体の商品力が上がり売上も大きくなる」ということを表しています。この法則を活用することで、とても効率的に売上を高めることができるのです。

5段階のランク付け

これは私の通販企業での経験です。

そこではカタログで衣料品を販売していたのですが、毎回カタログの全商品の売上を分析し、5段階にランク付けしていました。3が平均で平均を上回るとその度合いによって4、5と上がり、下回ると2、1と下がります。すると、売れ行きの悪かったカタログでは爆発的なヒット商品がなく、せいぜい4止まり。すごく売れたカタログでは5ランクの商品が複数ある、といったことがわかってきました。

最初は不思議に思っていましたが、毎回違う商品を扱う全く別のカタログであってもこの法則は不思議と変わりませんでした。

この法則を知らないと、2番目や3番目の商品をさらに伸

ばす、または1や2にランクされた売れない商品をなんとか売れるようにする、ということにも意識がいってしまいがちです。これは一度理屈で説明しても、自分で体感しないとなかなか身につかないところだと思います。集客のための告知の場合も同じです。

最初にある商材で告知をしたら、次はどうするか。ほとんどのケースで、目先を変えるために他の商材を使う、という発想をしてしまうのです。でも再度、売上トップの商材を使う方が概してレスポンスは上がります。

▶ 金額ランキングと数量ランキング

商品のランキングは実は2つあります。**金額ランキングと数量ランキングです。**

この2つのランキングを見ることが大切です。金額はそのまま売上高に直結するので大切なのはわかりますが、もう一方の数量ランキングはなぜ大切なのでしょう。

それは客数、特に成長に欠かせない新客数に大きく影響するからです。中には金額はそこまで大きくないが圧倒的に数量が売れている商品があったりします。それは紛れもなく最も多くの顧客が支持して購入した商品ですから、とても重要であることは間違いありません。

金額だけ見ているとどうしても単価の高い商品を売りたくなります。数は少なくとも金額への貢献が大きいからです。しかしそれでは客数は減り賑わいがなくなります。それが続くと顧客数が減少し縮小均衡に陥ってしまいます。

成長には客数増が欠かせません。したがって、両方のラン

キングを活用することが大切なのです。

アイコン商品

さらに最も大事なポイントがあります。それは、**「金額・数量とも1番になる商品があるとき、売上高は最高になる」**ということです。

私の経験でもこの商品が出たときのカタログは記録的な売上を計上しました。一冊で1000品以上を販売しているのに、たった1品で売上が大きく変わってしまうのです。これも必ず覚えておいていただきたい法則です。

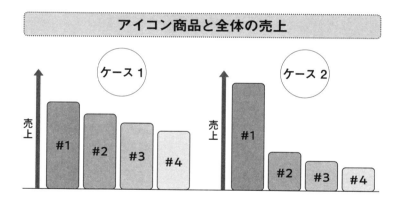

アイコン商品と全体の売上

しかしこれもまた体感的にはなかなか理解しにくいかもしれません。

図ではケース1は4品がほぼ同じくらい売れている状態、ケース2はナンバーワン商品（#1）だけ突出して売れている状態。さてどちらのケースの方が総売上は大きいでしょう

か。

　こう聞くとだいたい直感的にはケース1だと思うはずです。でも実際はケース2なのです。

　思い当たることがあるのではないでしょうか。ミュージシャンがアルバムを出すとき、すべてそこそこの出来であるよりも、他はダメだけど1曲だけ飛びぬけていい、というアルバムの方が売れるはずです。この「飛びぬけた」を具体的に表現したのが、「金額・数量ともに1番」ということなのです。

　ここで起きているのは、「2番以降の商品がすべて同じでも、一番の商品がより強くなると、それ以外の商品の売上も上がる」という現象です。 たった一つの商品を強化することで、全体の商品力を上げることができてしまうのです。ある商品が長く企業やブランドを牽引している場合、それをアイコン商品と表現します。ブランドを代表する商品であり売上と利益の源泉になっている商品を指します。エルメスのケリーバッグ、ナイキのエアジョーダン、アップルのiPhoneなど枚挙に暇がありません。

　私の在籍したロクシタンでもシア ハンドクリームというまさにアイコンと言える強力な商品がありました。この商品を改めて大事にしたことは言うまでもありません。

　金額と個数でともにナンバーワンになる商品を作ることを目標とすること。そしてそれが実現したらアイコン商品として長く貢献できるようさらに大事に育てていくこと。このことが商品力を強くするうえで一番大事なことなのです。

強い商品をより強くする

　企業の成長は、圧倒的に強い商品が出ることから始まることも多いです。それまでには多くの試行錯誤や苦い失敗もあったことでしょう。だから一度つかんだこの成功体験は最大限に生かすことを考えるべきです。

　第一はその商品を継続的に売ることです。これはとても大事です。最も売れている商品をやめることはないだろう、と思いますが、一旦業績が良くなると何でも売れるのでさらに新しい商品を出すことにばかり気が行ってしまうものです。

　私の在籍した企業でも商品ランキングを重視していましたが、成功要因のひとつはランキング上位の商品は必ず継続すること、というルールを作ったことにありました。春夏のベストセラーはそのまま来年の春夏に継続する、ということです。

　しかし商品はファッションアパレルです。普通は前年に流行った商品が売れるとは常識的に考えられもしませんでした。しかしデータは嘘をつかなかったのです。新製品と言ってももちろん全部売れるわけではありません。新製品が当たる確率よりも、たとえ前年であっても実績のある商品がまた売れる確率の方が高い、ということだったのです。

　ではどうなったら継続して、いつまで続けるのか。たとえば金額・個数とも上位 10% に入った商品は必ず継続販売する、といったルールを設けること。これであれば確実に売上を底支えするとともに商品の新鮮さも維持することができるでしょう。

74

その後在籍した服飾雑貨の企業でも毎シーズン素晴らしいデザインを出す一方でよく売れているデザインが非継続になることもありました。それはもったいないので、ベストセラー柄の継続のルールを設定したところ、期待通り成果を上げることができました。

　こうやって継続して売れ続けた商品は定番商品となります。

　ここで気をつけるべきなのは、マイナーチェンジの内容です。少し新味をつけて再度売上に勢いをつけたい、ということで行われるのがマイナーチェンジです。売上ランキングが低い商品は、いくら手を加えてもその労力に対しての成果は限られています。しかしベストセラーなら、成果が出ればもともとの売上が大きいので成果もより大きくなります。

　ただし、その内容が本当に価値を高めるものかどうかは慎重に見極める必要があります。単に見た目を変えたくらいでは、本来の良さのバランスが崩れる危惧もあり、かえって逆効果になりかねません。必ず何か新しい価値を付け加えることが必要です。

　定番商品の改良には新商品の開発と同等以上に大きな力を入れる価値があるのです。

▌強い商品を生み出す努力

　新規開発の重要性は先にお話ししましたが、強い定番商品を生み出して事業が成長しているときこそ次の定番を生み出す努力が必要です。定番が強いほど、努力しなくても売れるのでそれに安住してしまうのです。

第3章　商品力を伸ばすための数式　　75

そのうちに顧客が高齢化して売上が停滞すると、にわかに若返りを図らなければ、となるのですが、そうなってから手をつけたのでは遅いのです。

　既存客だけ見ていると、トレンドには感度が鈍くなります。既存客にとってはトレンドよりブランドの方が大事だからです。

　ルイ・ヴィトンというブランドは長い間人気を誇っています。伝統的なモノグラムという柄が100年以上続くアイコン商品です。しかし人気が続く秘密は定期的に新しい定番商品を生み続けていることです。

　その時々の新しいマーケットのニーズに応えて、今日まで新たな顧客を作ってきています。だからといって旧来の顧客が離れるわけではなく、定番もきちんと進化を遂げています。強さには理由があるのです。

ロスリーダー

　ナンバーワン商品の使い方としては、意図的に採算度外視でナンバーワン商品を作るという考え方もあります。この採算度外視の目玉商品をロスリーダーと言い、昔から例に挙げられるのがスーパーのチラシに載せ店頭で極端に安売りする卵です。

　まず他店に負けない集客を実現するため誰もが必ず買う卵を採算度外視で売る。そこで集客が増えれば他の商品を買ってもらうことで結果的にはプラスになるという考え方です。

私の通販会社の経験でも似たような戦略はありました。利益はゼロでよいかわりに他商品より圧倒的に低い値付けをした商品を企画するのです。これは**「オーダースターター」**と呼ばれ、カタログが届いた人が何を買おうか悩む前に購入を決めてもらうという目的です。絶対的に低い価格であることが必要です。

　ひとつ買うものを決めたら、次の商品を買う確率は跳ね上がります。ただしこれは商品戦略ではなく、販売促進として行うべきものです。通常の商品でこれをやってしまうと、もともと売りたい値段ではもはや売れなくなってしまうので、注意が必要です。

7 効率の良いカテゴリーを見極める

数式

商品効率 =

| 対象平均売上 | / | 平均売上 |

商品数はどんどん増える中、売上を落とさず効率的に数を絞る方法はないか。そういうときに使うのがこの数式です。商品をまず種類や価格帯といったカテゴリーでまとめ、どのカテゴリーが最も効率が良いかを見る方法です。単純に売上の大きさを見るのでなく、1品あたりの売上を指数にすることで、簡単に効率の良いカテゴリーを見分けることができます。

▶ 商品効率の高いカテゴリーを探す

　たとえば、全商品を価格帯というカテゴリーに分け、どの価格帯の商品が最も商品効率が高いのかを見てみましょう。

・まず価格帯を設定します。ここではAからDまで4段階に設定しました。
・次に価格帯ごとの商品数と売上高を集計します。
・それぞれの価格帯の売上合計を商品点数で割って各価格帯の「単品平均売上」を求めます。
・そして各価格帯の「単品平均売上」を「全体平均売上」で割ったのが各価格帯の「商品効率」です。

平均の単品商品効率は常に1.00です。**「1.00以上の商品効率を持つカテゴリーは全体平均以上に売れている＝効率が良い」「1.00以下のカテゴリー＝効率が悪い」**と考えるのです。

　この例を見ると、Cの価格帯が最も商品効率が高い価格帯、次がAだとわかります。しかし実際には効率の悪いBに最も多くの商品があります。次回はBからCにシフトする、という判断ができるわけです。

効率の良い価格帯はどこか

価格帯	売上合計	商品数	単品平均売上	商品効率
A	¥600,000	10	¥60,000	1.20
B	¥1,200,000	40	¥30,000	0.60
C	¥2,400,000	30	¥80,000	1.60
D	¥800,000	20	¥40,000	0.80
合計	¥5,000,000	100	¥50,000	1.00

　このように算出すると、なんとなくこの価格が売れそうだから、とか、今までこの価格の商品を出してきたから次回も、というような曖昧な理由でなく客観的な数字で判断ができるようになります。たまたまヒット商品があるとその価格帯が良く見えるということもありますが、データが多くなるほど数式の妥当性が高くなります。

　これを定期的に継続していくことで、消費者の価格への意識が変わってきてもそれを客観的につかむことができます。

第**3**章　商品力を伸ばすための数式　　　79

店舗物販であれば販売スタッフの「肌感覚」でその変化に気づくこともできますが、無店舗の場合はデータからそれを察知しなければなりません。そんなときにこの数式を使うことで確信を得ることができます。

カテゴリーとしては価格だけでなく品種も対象になります。
メロンとバナナ、Tシャツとパンツ、口紅と美容液など、違う品種を比べても意味がないのでは、と思われるかもしれませんが、使い道はあるのです。

　なぜなら、実店舗でもネットでも、1品を売るためには同じだけの展開場所を確保する必要があります。その場所は無限ではありません。ネットは物理的にはいくらでも商品を登録しておけますが、そのために多少なりとも維持コストがかかる一方でその商品をめがけて場所を探し当てて買ってもらえる可能性はほぼありません。

　それならば、商品効率の良い商材をより多く、より売れる場所に展示するというのは理にかなっています。

　この場合は先の例でカテゴリーを「価格帯」から「品種」に替えるだけで OK です。どの品種の商品効率が良いかが一目でわかるようになります。その結果に応じて、商品効率の良い品種は品数を増やしたり、より良い展示場所に変えたりすることでさらなる売上増を見込むことができます。

　さらに、商品効率の劣る商材は品種を減らし、展開場所も商品効率の良い商材に譲ると考えることと併せると、現場の対応もスムーズにできます。

品種別の商品効率を指標として使うことは、季節によって商

80

品構成が変わる場合にはより効果的です。

　気候条件がどう変わるとどの品種の商品効率が下がり、どの品種が上がるかということを客観的にデータ化することができるからです。

　多くの業界で春夏に売れる品種と秋冬に売れる品種があります。

　夏と冬のピーク時はどのような商品数であれば全体の商品効率が高くなるか、また、難しい移行期にはどういった気候条件をもとにいつどのように各品目の商品数を増減させていくのが最適か、を細かく設定することができるようになります。

　これは各商品の需要予測の精度向上に大きな影響を与えます。そして最終的には利益の最大化に大きく貢献します。見えにくい在庫に関する諸数値を高めるには欠かせない数式だと言えるでしょう。

　さらに、品種別に価格帯別の商品効率を分析すれば、さらに全体の商品効率の精度を上げることができます。

　消費者の趣味嗜好、マーケットのニーズは常に変化していきます。それに対応していくと、商品点数というのはどうしても増え続けていく運命にあります。新たなブランドとして増えていくこともあります。

　増やすことは簡単ですが、増え続けた商品を整理し削減することは容易ではありません。しかし、この数式を使って商品効率で比較すれば減らす根拠が明確になります。

第**3**章　商品力を伸ばすための数式　　　81

望ましい品揃えとは

　増えていく品数の中で商品効率を高めるために知っておきたいことがあります。**それは、商品効率を最適化する品揃えとはどんなものかということです。**品揃えはたくさんある方がいいという単純なものではないからです。

「ジャムの法則」というものがあります。1995年にコロンビア大学のシーナ・アイエンガー教授がジャム試食の実験を通じて「選択肢が多すぎると意思決定が困難になり、結果として行動を起こすことが少なくなる」ことを示したのです。
　さらに、バリー・シュワルツ教授の著書『なぜ選ぶたびに後悔するのか』（2004年）でも副題にあるように「Why More Is Less」と示されています。
　このことは情報過多の現代ではさらに妥当性が高まっているはずです。

　そもそも消費者にとっては一体どんな品揃えが最高と言えるか、突き詰めてみましょう。
　究極の品揃えとは**「買いたいものが即座に見つかること」**だと私は考えます。絶対的に売れる確信のある商品であればたったひとつで十分なはずです。これが「最強商品が強ければ全体が上がる」という根拠のひとつでもあります。
　しかし実際には考えれば考えるほど選択肢が増えていくのも間違いないことです。これは実務担当者であれば必ず経験があると思います。売上を増やす、予算を達成する、このようなプレッシャーの中で少ない商品で絶対的な自信を持つの

は簡単なことではありません。

　私も所属する先々でこの事態に直面して、そのたびにこの説明を繰り返してきましたが、実務担当者の品数不足への大きな不安を解消することは非常に難しいことです。

　むしろ最初から「選択肢は少ない方が売れる」と覚えておくくらいの方がよさそうです。

▶ 客単価の上がる品揃え

　一方で、品揃えを増やすことが売上に貢献する品種もあるのです。関連販売できる商材です。Tシャツならコーディネートできるパンツやセーター、ジャケットがそれです。

　スーパーでは寒い日には鍋物に使う商品を一か所にまとめて並べています。スポーツビジネスでも会場の入場券だけでなく選手の応援グッズやコラボ弁当そして家族で楽しめるアミューズメントなどの関連商品を揃えて販売したことが成功の一因となっています。

　このような関連販売できる商材の品揃えは増やすことによって客単価を上げることができます。

　品種間の商品効率を最適化するということは、望ましい関連販売のためにはそれぞれの品種をどれだけ用意しておけばよいかということも教えてくれるのです。決してすべての品種を同じ数だけ用意すればいいということではないのです。

▶ VMD

　ここで「**VMD（Visual Merchandising）**」について触れてお

第**3**章　商品力を伸ばすための数式　　　83

きたいと思います。VMDというのはよくVP（Visual Presentation）と混同されます。

VPというのはいわゆる店舗の装飾、ショーウインドーに代表される飾りつけです。一方でVMDは計画した数量を計画通りに売るための展示手法です。

これはアメリカのアパレル企業リミテッド社が開発し、アメリカで自社ブランドを扱うギャップなどのアパレルチェーンに普及した手法と言われています。

簡単に言うと店舗の什器に販売予算をつけるのです。最も売れる店頭の大きなテーブル什器に展示する商品でどれだけ売るか、その周辺にはハンガーラックで関連販売できる商品を配置してどれだけ売るか、合わせて店頭でどれだけの売上を作るか、ということが計画されているのです。

こうして計画通り最強商品を最高の商品効率で販売することを可能にしているのです。

私の所属した企業でも同じ手法を使っていました。まず店舗を建設する際にはあらかじめプロトタイプというのが決められていて、どの店舗も同じ什器の数を同じように配置することが求められていました。どの店でも同じ商品効率を実現させるためです。

これがあるので仕入計画通りに商品が売れていくのです。個店による差は多少ありますが大きく影響することはありません。もし変わるようなら出店場所がふさわしくなかった、ということです。

そしてどの什器にどの商品を配置するかは2週間ごとに本部から各店舗に発信されます。この指示書は200坪近い店舗

で展開するすべての商品を網羅しています。これを2週間ごとに作るのですから店舗ごとに調整して配信するのはほぼ不可能です。

　この指示書の作成に当たっては仕入・販売計画との整合性を第一に考えます。そのタイミングで最強として売るべき商品は大量に仕入れているので当然店頭の最も中心にある什器に設置します。商品を畳む寸法も決められていて、什器はそれに合わせて設計されています。どの什器には縦に何点、横に何点の商品が並ぶかもすべて決まっています。これによって仕入れる色の展開数も決まってくるのです。

　仕入は各商品で展開期間を何月何日から何月何日までと日単位で明確に定めたうえで数を決めています。昨日まであんなに正面で目立って展開されていたメイン商品が今日行ったら全く違うものにガラッと変わっていた、ということが起こります。

　しかしそのメイン商品はどこか店舗の奥に移動し、その分下がった売上計画に基づいて消化され、最後は計画通り売り切っていくのです。

　このように、ぱっと見は粗っぽく見えるアメリカのカジュアルチェーンには裏で精密な商品の仕入れと販売の計画が存在していて、その中でVMDは商品効率をコントロールする重要な役割を果たしているのです。

　この考え方はアパレル小売店以外でも問題なく通用します。特に自社ブランドを販売している場合は売り出してからわかっても追加生産が難しいことが多いので、計画通りの効率で売り切る手法はとても役立ちます。

第3章　商品力を伸ばすための数式　　　85

私の在籍した化粧品ブランドでもこの VMD 手法を活用し、大きな成果を上げていました。ただこれは商品企画、仕入れの段階からすべてを販売現場と連動させて行わなければならず、一朝一夕に作り上げることは難しいかもしれません。

　またアパレルほど頻繁に短サイクルで新製品が出る業界も多くはないでしょう。しかし最強商品を作る、そして周辺商品を含めて商品効率を最大化する、という目的に対してはこの数式とともに応用できる部分は少なくないはずです。

8 見えない機会損失を数値化する

数式

機会損失額 =

総需要 － 総売上

売上ができる体制を作ったのに実際には売上ができなかった、ということがあります。ニーズがあったのに何らかの理由で販売することができなかった、その額が機会損失です。本来あったニーズを総需要として捉え、実際の売上との差を機会損失として表したのがこの数式です。

もっとあれば売れたのにというのは、誰しも体験することだと思います。しかしそれがどれだけの額だったか、というところまで把握することはあまりないのではないでしょうか。それではどれほどの売上を失っていたか、ということがわからないので「損失」として実感が湧きません。何より現場以外では機会損失が起こっていたことにも気づかないことも多いのです。これでは売上の最大化に向けて3つの力で施策を積み上げても、ザルから水が漏れるようなもので、結果にはつながりません。

▶ 機会損失の把握

　私の従事した通販会社は、当時は紙のカタログが主体だったので、品切れになってもその商品を削除することができず、毎日オーダーが入り続けます。その推移は毎日、次の図のような形式で数字が公表されます。

　担当者は毎日増え続ける品切れの数字と向き合わなければ

第3章 商品力を伸ばすための数式　　87

ならないのです。これは大変です。総需要に対する品切れの率も出ます。一時的な品切れにはバックオーダーといういわば予約販売の形でも対応していました。いずれにしても純売上に至る前に大きな損失が起こっていることが明白なのです。

ところが店舗販売やネット販売の場合はどうでしょう。欠品したらその代わりの商品を売り場に置けば事足りるので、代替品をどう売るか、に関心が移ってしまい、欠品の原因追究はあまり起こりません。

これはメリットでもありますが、欠品するほど売れていた商品がなくなることは決して好ましいことではなく、徹底的に原因を追究し再発を防止することが求められます。

機会損失が可視化できると

	金額	率
総需要	100	
ー）品切れ	-7	-7%
ー）バックオーダー	-8	-8%
総売上	85	85%

とはいえ、その額を具体的に把握できる数値は黙っていても出てきません。失ったニーズはカタログ通販と違って計測できないからです。知る方法を考えなければいけません。

最も簡単な考え方は、欠品になる直前の売上実績で、残りの販売予定期間中の売上を推定するやり方です。

直近 1 週間で 100 個売れていた商品なら、残り 3 週間の販売期間では 300 個売れたはずと考え、この 300 個が機会損失と見なすのです。簡易的なやり方ですが発生のたびにマニュアルでやるのは非常に面倒です。しかしその価値はあるはずです。

機会損失をなくすには

機会損失の発生する原因は、主に製造工程のミスと需要予測のミスの 2 つが考えられます。製造のミスは納品遅延または納品不可という事態を起こし、機会損失につながります。

外部委託なら損害の請求ができるかもしれませんが、自社生産の場合はそれもありません。しかしこちらは原因を追究し改善を行うというプロセスを取ることは決して例外的な措置ではないはずです。

問題は需要予測のミスによるもの。これは放っておくと何も起こりません。きちんと機会損失を把握し、需要予測と現実の乖離の原因を解明し、結果を次に生かす、というプロセスを行う仕組みを作らなければなりません。

衣料品のように、商品数が多くしかも同じ商品に色やサイズでさらに細かい在庫単位（SKU）がある場合はしっかり把握しておかないと、生産性を損ねます。

特にサイズで起こりがちだと思います。色が品切れの場合は代わりの色を買うことはあっても、サイズがないからと言って他のサイズを買うことはまずありません。だから精緻な需要予測が大事になります。

ピーク時に中心サイズはなくなり端サイズばかり売場に残

第 **3** 章　商品力を伸ばすための数式　　89

っているという光景をよく目にするのはなぜでしょうか？

　次の図は、XS から XL まで 5 サイズ展開の例です。中間段階で中心サイズの M が売り切れとなりました。その時点での各サイズの割合を潜在需要とみなします。最終的には全サイズが完売しました。

販売実績と潜在需要の差

	XS	S	M	L	XL
販売実績	10	25	30	25	10
(%)	10%	25%	30%	25%	10%
潜在需要	5	20	30	20	5
(%)	6%	25%	38%	25%	6%

　では次の仕入れではサイズ別の割合として中間時または最終時どちらの数字を使うでしょうか。本当は M が売り切れた時点での割合が実態を表しているはずです。しかし集計の手間がかかるため多くは最終販売時の割合を使うはずです。

　そして M は本来 38% 売れるはずなのに 30% しか仕入れず、また品切れを起こしてしまうでしょう。少しの手間をかけることで大きな成果が出るはずです。

　また、バックオーダーとして再入荷時の予約を取ることも、機会損失の削減に有効な手段です。

　店舗ではマニュアルな対応になりがちですが、一度決めておけばすぐに対処できるので、使わない手はありません。

ともかく、売れ筋商品の売上を失うことはその穴埋めがとても難しいので一番避けたい事態です。プラスを作ることだけでなく、こうしたロスを防ぐ施策もまた商品力の最大化には欠かせない手段です。

▶ テスト販売で需要を予測する

　私の経験で機会損失の削減に大きく貢献した施策に、テスト販売があります。

　一度の企画で何100点もの商品が出るので同品種同価格でも売れ方には100倍の差がつきます。売り出してから気付いても手遅れです。そこで一部の顧客に事前にテスト販売をするのです（テストでは印象が悪いのでプレビューと称しましたが）。これで細かい予測までは当然出来ませんが、100倍売れる商品は明確にわかるのです。すぐに追加生産の体制がとれてベストセラー商品の機会損失という最大のリスクは回避することができたので、成果は絶大です。

　これはネット販売が発達した今こそ、ぜひ活用すべき手法だと思います。

9 経営の大敵、過剰在庫を予測する

数式

$$過剰在庫 = 仕入数 - 販売数 - 期末在庫$$

過剰在庫は経営の大敵です。一方で在庫リスクを持つことで高い粗利益率を実現できることも事実です。ただしそれには「適切な管理手法があれば」、という条件がつきます。この数式は在庫リスクの考え方を示しています。ゴールはもちろん過剰在庫ゼロです。そのためには販売が減ったら先の仕入れを減らさなければなりません。ここがポイントです。

現場感覚と経営感覚の差が過剰在庫を生む

「販売を始めてからすでに終わっている仕入れを調整するなんてできない」と思われるかもしれませんが、逆にそこがポイントです。

単品で見ればその通りですが、この数式ではあくまで全体の仕入れ、全体の販売、全体の在庫を見ています。要するに、今売上が減少しているならこれから先の仕入れを減らすということです。

「それでは先の売上が減るからできるわけがない。結局さらに売上が減るだけで過剰在庫は減らない」という反論があるかもしれません。

これは現場としては真っ当な受け止め方ですが、経営的に

は正しくありません。ではこれを適切な管理する手法とはどういうものでしょうか。

過剰在庫をなくす方法

計画	当月	翌月	翌々月
月初在庫	3,000	2,000	1,000
＋）仕入れ	3,000	3,000	3,000
－）売上	-4,000	-4,000	-4,000
月末在庫	2,000	1,000	0

実績	当月	翌月	翌々月
月初在庫	3,000	4,000	3,000
＋）仕入れ	3,000	3,000	1,000
－）売上	-2,000	-4,000	-4,000
月末在庫	4,000	3,000	0

この表の通り毎月の月初在庫に仕入れを足し、売上を引いたものを月末在庫として計算し、これを繰り返していくのです。

　ポイントはすべて上代（定価）ベースに揃える事。たとえば上の計画では毎月3000の仕入れと4000の売上があって

第3章　商品力を伸ばすための数式　　93

翌々月には月末在庫がゼロになることを目指しています。

　ところが下の実績では当月の売上が2000に落ちてしまいました。そこで翌々月の仕入れを1000に減らすことで月末在庫を予定通りゼロにした、というものです。

　期末在庫を予定通りにするには、これから先の仕入れを減らすことで簡単に調整できます。しかし、それが先の売上に影響するのを防ぐため、今できることを最大限に行います。

　それは値引などをフルに使って販売数量を増やすことです。当然利益には悪影響ですが、過剰在庫として保管経費を使いさらにバランスシートも悪化させるという事態よりも対処は容易です。

　この手法の最終目的は粗利益の確保です。売上だけでなく常に在庫の動きを監視し値引を使いつつ過剰在庫を避けて最終的に計画通りの粗利益を生み出すことがとても重要です。

▶ 過剰在庫を生む考え方

　通常過剰在庫は「仕入数量－プロパー（定価）消化数量－セール消化数量」として認識することが多いと思います。

　これは単品でもシーズンごととかのかたまりでも同じですが、すでに行った仕入れを前提としています。販売の変動の結果として出た過剰在庫をどうするか、という対処になります。しかし期末に過剰在庫が出てから考え始めるのでは手遅れです。

　そもそもこの考え方は、仕入数量をプロパー売上とセール売上の合算で決めていることに問題があります。

　さらに、過剰在庫を前提として仕入れている場合もありま

す。プロパー消化率とセール消化率を合わせても100%にならない、いくらかは過剰になる、という前提で仕入れを組み立てることもあるからです。

　私もかつてはこの方式が普通だと思ってやっていました。しかしある年、業績が悪化した際に本国からこのことを指摘されました。プロパーで100%売れる前提で売上と仕入計画を立てるべきだと言われたのです。

　初めは「それは現実的ではない」と反論していましたが、だんだん今までの考え方が間違っているのではないかと思うようになりました。

　確かにセール期間というのは集客が最高潮になり、その時期の売上高は非常に大きく、それなしでは売上計画が達成できないと考えがちです。

　でも果たしてそれは正しいのか。本来セールは過剰在庫の処分の機会だったはずですが、ここで売ることが目的で仕入れをするというのは考えてみれば本末転倒です。

　プロパーで売り切ってセールには在庫がない、という状態が理想であるはずです。しかし消費者がセールをめがけて来店する行動まではこちらで変えることはできません。

　そこでセール期にはその時期にふさわしい新商品をプロパーで投入する方式に変えました。そうすると、色やサイズに偏りがある在庫よりも新規の商品の方がはるかに売上は大きくなり、その結果セール期間の粗利益率が驚くほど高くなりました。発想の転換だけで大きく変わるものです。

　以前よりもセール依存の販売は減ってきていると感じます。

しかし売上だけを見ていると利益を最大化するという本質的な改善はできません。売上を考える際は同時に粗利益と在庫のことが頭に浮かぶ。そのようになれる仕組みを作っておくことは今後ますます重要になってくると思います。

第 **4** 章

集客力を伸ばす
ための数式

　商品力が伸ばせても集客がなければ売上にはつながりません。長期的に利益を出していくためには、長期的に集客力を伸ばすビジョンを持つことがとても重要です。新客から始まり既存客となって続いていく、その各段階で適切な対応を行うにはどう考えればよいのか。これらを数式を使って説明していきます。忘れてはならないのが、それらの施策を効果検証できること、これも利益のためには不可欠です。

10 顧客生涯価値（LTV）を最大化せよ

数式

顧客生涯価値 ＝
購入単価 × 頻度 × 継続年数

集客力向上の直接的な目標は売上ですが、最終目標は顧客生涯価値（LTV）の最大化です。そもそもなぜLTVを向上させる必要があるのか。それは新客獲得の膨大なコストを回収したうえでさらに利益を出すためには、LTVの向上がなくてはならないからです。顧客の生涯価値は正確に言えば利益です。しかしそれでは算出しにくく掌握しにくいです。そこで考えやすいようにここでは一人の既存客からもたらされる「売上の総合計」と捉えています。そのLTVを分解して構成要素を明確にしたのがこの数式です。

▶ LTVとは

顧客一人当たりの平均購入単価に年間の平均購入回数を掛け、平均の継続年数を掛けたものがLTVです。

次の表は初回購入者が3年間購入を続けるという場合のLTV計算方法です。これにより、LTVを高めるには、購入単価を上げる、購入頻度を上げる、そして継続年数を上げる、という3つの方法があることがわかります。LTVの向上にはこの3方向からアプローチします。

一般に言う「販売促進」施策はすべてこの中に含まれます。

販促策は単発的に行われがちですが、最終的にはLTVの

増大を果たすための施策、という目的をはっきり認識できるとより適切に効果を発揮できる施策ができるのです。

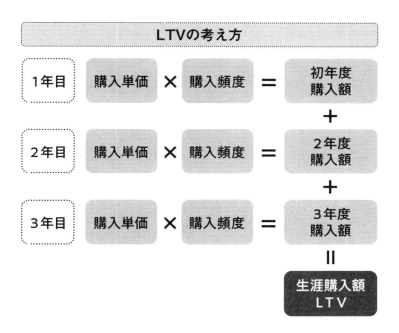

　LTVの中身は最初の新客獲得時の売上とその後の既存客活性化での売上の合計です。新客獲得と長期的な既存客活性化それぞれに対して向上策が必要になるのです。

　ここでは長期的な既存客活性化に焦点をあてて説明します。

CRM とは

　長期的に既存客活性化を最大化する手段が「**CRM (Customer Relationship Management)**」です。日本語では

「顧客管理」という言葉がありますが具体的に何を指すかやや曖昧です。

多くの場合には「個人情報の管理」をイメージするかもしれませんが、それだけではありません。また「CRM」と言うとネット販売で顧客のサイト上での動きに応じて自動でレコメンド（推奨商品）やサンクスメール、リマインダー（購入喚起のメッセージ）を送る機能を指すこともありますが、短期的な施策が中心になっていることが多いです。本来のCRMとは、既存客のLTVを最大化するための長期的な施策すべてを指します。

顧客登録を推進する

CRMを行うには大前提として顧客のデータを登録することが必要です。それがなければその先のすべての施策ができなくなるからです。

無店舗販売では購入するためには住所・氏名・電話番号が必須です。それがなければ商品の発送ができないからです。

一方、店舗の場合は匿名のままで購入することができますが、これが大きな壁となります。購入者の情報を得ることが難しくなるからです。

私が小売事業を立ち上げることになったときの話です。それまで通販会社にいたので既存客のCRMが収益の源泉であり最も重要だということは叩き込まれていました。

新しいカタログ（当時はまだネットがなく通販と言えば紙のカタログでした）を出すときは、事前にどのメディアで何

人の新客を獲得し、何人の既存客からどれだけの売上を獲得するか、という綿密な予測を立てていたのです。そして結果がどれだけ予測と乖離しているかを厳密に検証し、次の予測精度を上げることに尽力していました。

予測より売れないときはもとより、予測以上に売れることも決して褒められることではなく、いかに予測通りの結果を出せるか、が求められていたのです。

しかし初めて出す店舗では、当たり前ですがそのような予測がない中で開店しなければなりません。こんな状況は初めてです。そこで真っ先に不思議に思ったのは、「なぜ店舗をやっている人は『今日お客さんが一人も来なかったら』という不安を感じないのだろうか？」ということでした。

新規獲得のための広告は入念に準備しました。新聞、雑誌のマスメディアに加え店舗最寄駅と沿線の駅貼りポスター、看板などに投資をしました。

しかしその効果が短期的にすぎないことも十分理解していましたし、開店後もずっとこのような多額の広告費投下をする経費はないこともわかっていました。ではどうするか。やはり既存客の活性化ができるようにするしかありません。

そこで開店初日から、店舗内に特別にデスクを設けて粗品も用意し会員登録を開始したのです。その頃はまだ個人情報についての認識もおおらかな時代で多くのデータを得ることができました。

そして翌月からそのデータを使って既存客の活性化、はがきDMの送付というCRMを始めていったのです。これにより開店景気だけで終わらずその後も売上を順調に伸ばすことができました。

第4章　集客力を伸ばすための数式　　101

これは 30 年も前の話ですが、店舗では毎日誰が何人来るかわからないで営業している状態は基本的に変わっていないでしょう。SNS などを使ってアプローチする利便性は上がりました。しかし逆に個人情報をいただくことのハードルは著しく上がってしまいました。

当時日本で顧客が喜んで登録してくれる状態を見て、「アメリカでは誰もそんな情報をくれない」と本国の幹部は驚いていました。今の日本はそれに近い状態になっていますが、個人データが CRM の大前提にあることは変わりませんから、その取得には一段と大きな努力が必要と言えるでしょう。

どんなデータが必要なのか

個人データ取得の難易度がどんどん上昇しているため、最低限必要なデータの取得に絞るということも必要です。では CRM のためにはいわゆる個人情報のうちどんなデータが必要なのか。

郵送 DM が主要媒体だった時代なら住所、氏名でしたが、メールや SNS であれば宛先のアドレスさえあれば極端に言えば氏名さえもなくてもよいのです。CRM の主要な手段は媒体を使った情報発信なので、それで十分です。

もちろん顧客満足度を高めるために宛先に氏名がちゃんと入っている、実店舗ではその名前で応対できる、などのメリットは少なくありませんが、最終目的だけ考えるならそれでも事足りるのです。

しかし会員登録となると一般にあらゆる個人情報を欲しが

ってしまうことが多いと感じます。生年月日（年齢）、性別、職業、住所、電話など。これが必要最低限のデータだと考えているのかもしれませんが、このデータの多さが取得の足かせになっているとしたら、考え直すことも必要です。

　これらのデータは分析をするうえで重要だと思われるかもしれません。

　確かに自社のブランドを買う人の年齢構成はどうなっているか、特定の商品はどんな年齢の人が多く買っているのかなどがわかるので、これですごく大事なことが見えた気がします。

　しかし、問題はそれがわかってどうするのかということです。特定の年齢層にだけアプローチする手段は現実的にはなかなかありません。特定の年齢層にだけ強く売れるような商品開発というのも現実には難しいでしょう。年齢以外に趣味嗜好など考慮すべき要素がたくさんあるからです。

　結局、年齢や職業のようないわゆるデモグラフィックなデータというのは、あればいいけどなくても困らない、must have ではなく nice to have のデータにすぎないのです。

　それなら、できるだけ省いて登録のハードルを下げることを優先してもよさそうです。

　バースデーメールなども有効な CRM ですが、それならば生年月日ではなく誕生日だけ聞けば、年齢を言うというハードルがなくなります。

　電話番号というのは別の機能があります。いわゆる「名寄せ」で、同一人物で複数の登録を避けるために電話番号を識

別コードとして使うことがよくあるからです。これも番号が
変わったり、最近では自分の携帯番号はわからない、という
方も多いので、ここも考えどころです。

　それより重要なことはその個人情報に購入した商品と日付
という購買データが紐づけられることです。

　このシステム整備に投資しなければ CRM はできません。
この投資を行うことで初めて、既存客活性化で利益を出しさ
らに新客投資につなげるというサイクルを作ることができる
ようになるのです。

　取得データの簡略化とともに必要なのが、登録と確認の時
間短縮です。データ登録は重要ですがそのために時間と手間
がかかりレジに行列ができてしまうようでは、CRM 以前に
顧客が離れてしまう可能性が高いです。

　アプリのダウンロードが必要だが Wi-Fi 環境が悪くてなか
なか進まない、入れても登録に何ページも遷移しないといけ
ないのでまた時間がかかる、次に来たときもまたアプリの起
動に時間がかかり読み込みも……など、データ管理のために
サービスが低下しているのでは困ります。

　このあたりのシステム構築はまだまだ改善の余地があります。決済方法の多様化もいいのですがそれによって決済時間
は逆に延びているように感じることも多いです。それゆえ、
システム設計にはテクノロジー視点だけでなく顧客サービス
視点を持って開発することがとても重要です。

購入単価を上げるときの注意点

LTV向上のひとつ目の方法は購入単価を上げることです。ここで注意しておかなければならないのは、新客に対してそれを望んではいけないということです。

先述の通り新客と既存客では戦略が異なります。目標は新客の場合は客単価ではなくあくまで客数です。新客の場合はとにかく購入してもらうことが第一で、単価を上げるのは既存客のみ。だから客単価のデータも新客と既存客に分け、既存客側の客単価を上げることに注力できるようにしなければなりません。

現場で新客・既存客別の客単価の数字が共有されていない場合、えてして混乱が生じます。たとえば新商品が話題となり大勢の新客が来ている場合、当然全体の客単価は下がります。

それを見た現場は「これはまずい」とばかりに新客にも関連販売含め労力をかけて単価の上昇に努めます。すると特定の商品だけをまずは見てみようと来た消費者に対してはふさわしくない接客となるばかりでなく、一人に時間をかけることでせっかく増えている来店客に対して接客が回らず結果的に売上を落とすことになりかねません。

このような小さなことの積み重ねが現場ではすごく重要なことなのです。このように細かい対応ができなければ売上を上げることはできません。小売業ではRetailはDetailと言われる所以です。

GWP

　既存客の客単価を上げる方法としてはさまざまな手段が実践されています。

　代表的なものが、価格ハードルのある GWP です。GWP とは Gift With Purchase の略称で、簡単に言うと何かを買うとついてくる「おまけ」です。それに「いくら以上のお買い上げで」という購入単価の下限をつけることで単価上昇を狙うものです。

　これは、以前からアメリカの小売業で多用されていた手法で、私も各社で活用してきました。大事なことはその目的を正しく認識して条件を決めることです。客単価向上が目的ならば、通常の客単価より高めのハードルを設定することが必要です。

　一方、客数の向上を目的とする場合はこれと異なります。たとえば新店の開店や何かのプロモーションの初日に大きく盛り上げる必要があるときなど。この場合ハードルは限りなく低い方が成果は上がります。来店者全員や購入者全員という条件がふさわしいということになります。

　このときギフトを何にするかも重要です。全く関係ないものでなくブランドに関わるもの、自社製品やサンプル、ロゴ付きの非売品などがふさわしく、また実際に最も喜ばれ、効果が上がります。

　似たようなものに「PWP（Purchase with Purchase）」という手法もあります。これは、何か特定の商品を購入すると別の商品が特別価格で購入できるというものです。しかしこ

106

ちらはメリットが伝えにくくわかりにくいので日本ではほとんど普及していません。

セット割引

　単品だけでは単価が上がらないところを、いくつかの商品をセットにして割引をつけることで、単価を上げる方法です。これも単価を上げるためには有効な施策です。

　ただしGWP同様この実施には割引と言う費用がかかります。売上高だけ追っているとGWPの費用やセット割引額は見えてこないので、販売現場は常にこれらを多用することを求めがちです。

　しかしそこで得られる売上増加に対して適切な費用だったのか、という検証は欠かせません。セット割引の場合、大雑把に言うと割引率より数量の増加率が上回らないとやる効果が出ません。

　これは粗利益で考えるとさらに厳しくなります。割引をするからには相当の数量増加が見込めなければいけない、その見込みがあるセットに絞って実施するという認識を持っていることが大切です。そうでないと少しでも売上が上がればということで割引が乱発され利益を棄損してしまいます。

関連販売

　既存客の客単価上昇のカギは現場の販売力です。　新客と違って既存客の場合は割引やGWPに依存せずに客単価を上げる秘訣は、現場の販売力にあると言ってよいでしょう。

実店舗では販売員がいる場合は販売トーク、セルフ主体の販売の場合は商品配置を示すVMD（Visual Merchandising）と各種サインなどのPOP（Point of Purchase Advertising）がその役割を担います。

ネット販売の場合はページでの商品配置とリコメンド機能やコメント機能がそれにあたります。ネット環境では店舗販売スタッフが持つ提案力にまで至ることはなかなか容易ではありません。

実店舗では来店者の表情、服装、動作から得られる情報、そして商品説明以前の何気ない会話などから格段に多くの情報を得られ、適切な商品の選択と説得力ある理由の説明に生かせるからです。

ネットではそれまでのサイトの巡回経路や今までの購入結果の分析など多くの収集可能な情報で販売スタッフのレベルに近づこうとしていますが現実はまだまだです。

個人情報保護のため情報入手にさまざまな制限が増えることも予想されます。しかし今後はAIの進化などで大きくレベルアップをしていく可能性は秘めています。

購入頻度を上げる

LTV向上のための施策の2つ目は購入頻度を上げることです。これがCRMの目指す指標のひとつです。最初に一度買ってもらう新客獲得はとても高いハードルで大きな費用がかかります。

それに次いで高いハードルが、一度買った人にもう一度買ってもらうことです。その後ここを越えるとそれ以降続けて

買ってくれる確率が高まる、という臨界点があります。

このような傾向をつかむためには、まず回数別に継続率を計測しておくことが必要です。

たとえば表のような購入回数別の人数データが取れた場合、それをグラフ化します。

すると、2回目の購入をする段階で半分以下に減ること、そして5回目以降はほぼ離脱せずに維持されていくことがわかります。

購入回数別継続率

購入回数	人数	継続率
1	1,000	
2	300	30%
3	150	50%
4	90	60%
5	72	80%
6	58	81%

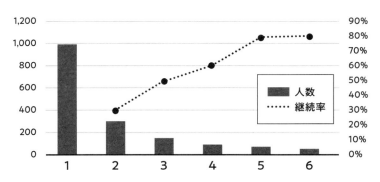

実際にはこれほど単純ではないでしょうが、これで購入頻度を上げるために重要なタイミングがわかり、そのために有効な施策が立てやすくなります。

継続率と離脱率

　ここでは継続率という見方をしましたが、ネット販売では「離脱率（Churn Rate）」という捉え方をすることが多いようです。どちらも同じ数字の表裏を見ているだけなのですが、施策を考える場合、離脱率を下げることを目標にすると、どうしてもカスタマーサービス的には好ましくない方向になりがちだと感じていました。

　どうやって離脱させないかという視点で考えるとどうしても姑息な手段というか、離脱したいのにそれを妨げるいやがらせのように受け止められかねないのです。

　配信停止や退会の仕方がわかりにくく手順も非常に面倒にしてあると、たとえ離脱手続きはしなくても買わないだけでなくその怒りを周囲に拡散しこれからの新客獲得の可能性を下げる恐れさえ出てきます。ですからここは「離脱させないためには」でなく、「継続していただくには」という視点で、既存客にメリットをもたらす施策を考えていくことが大事だと考えています。

　一般的によく「顧客を囲い込む」ということが戦略として語られていますが、一方で「囲い込まれたい」と思っている消費者などいないでしょう。企業側の横暴にならないように、常に顧客視点を持つというのがいかに難しいかを示す例だと思います。

ポイントプログラム

　ポイントは継続率を上げること、購入単価を上げること、そして購入頻度を増やすことのすべてに効果を発揮する施策です。現実を見ても、ポイントが割引より力を持っているのは明らかです。

　その理由としては、割引による一時的なメリットよりも将来により大きなメリットとして返ってくるポイントの方がよりメリットを感じる、という心理が働くことです。

　1000 円の商品を 10% 引きと 10% 分ポイント進呈で 5 回買ったときを考えてみましょう。割引は何回目でも 100 円のお得ですが、ポイントはためた分を 5 回目に使うと 500 円のお得、半額で購入できることになります。100 円お得の 5 回分より 500 円お得の 1 回分のうれしさの方が大きい、という金銭勘定だけでは測りきれない心理に訴える力がポイントにはあります。

　ポイントは経理的に見れば割引と変わりません。営業利益率が 2 桁％あれば影響は大きくないのかもしれませんが、数％しかない場合はなけなしの利益を大きく削っていることに他なりません。ここはよく費用と効果を吟味する必要があります。

　ポイントで大きなメリットを提供している企業は、それによる買い物以上に多くの収益の機会を持っています。

　たとえば楽天などが持っている自社クレジットカードです。金融など自社の他の事業との相乗効果があれば、ポイントそ

のものの費用は吸収ができるでしょう。しかしそうでない場合は慎重に取り組むべきです。単純に付与率の高さを競うようなことには巻き込まれない事です。

定期購入

　定期購入のプログラム、いわゆるサブスクリプションは非常に有効な購入頻度向上策です。同じものを何度も購入する商品の場合は、定期購入というプログラムがうまくはまります。スキンケア化粧品、健康食品・サプリメント、飲料水などが代表的です。

　定期購入に馴染みの良い商材の場合は初回限定でかなりの値引きを提供することもよく見かけますが、それも後の定期購入が初回値引きをはるかに上回るメリットを出すことを示しています。

　2015年にアマゾンが発売した、洗剤などが押すだけで買えるダッシュボタンは定期購入の概念を変えると思われました。ただボタンというハードを使用することが欠点で2019年にサービスを終了しましたが、引き続きスマホでのバーチャルダッシュや定期おトク便などによって活用は広がっています。

　その半面、アパレルなどのファッション商材については、サブスクリプションを提案する企業は出てきているものの、単純な補充ではないので安定して売上と利益を出すのはまだ容易ではないようです。ゴルフクラブは高価なものですが毎年新製品が出てきます。一方、中古クラブ買取のネットワークが発達していて新規購入と中古売却を組み合わせることが買い替え促進の助けになっています。ファッションなどでも

二次流通の発達が新しい購入促進のサイクルを作る可能性を秘めていると感じます。

継続年数を延ばす

LTV 向上のための施策の3つ目は継続年数を延ばすこと。これが CRM の目指す重要な指標でありとても大事なところながら、見逃されがちなポイントでもあります。

代表的なのは「顧客ロイヤルティ・プログラム」と言われる施策です。ただしその中身は上得意客へのリワード（報奨）を高めることで、多くの場合高い割引率の提供だったりします。それは「どの既存客も割引という同じ動機で物を買う」という前提で考えられた施策と言えます。

現実には既存客が購入する動機はひとつだけではありません。既存客は大きく3つの層によってそれぞれ購入の動機に違いがあります。

まずは人数的には大多数を占める、試しに1回買ってみたという「トライアル層」。この層にはお試しを超えてファンになってもらうためにさまざまな説得が必要です。

次に、何回か買ったが定着まではいかない層。こちらは商品にとても興味があるから一度ならず利用して検証するが、他に気になる商品が出てきたらためらわずに移ってしまうという「トレンド層」。この層にはいかにその商品がマーケットをリードしているか、最新情報をもとに説得する必要があります。

そして最後が、すっかり定着した「ロイヤル層」。この層は

第4章 集客力を伸ばすための数式　113

無条件にブランドを受け入れるので、とにかく商品を買う機会を与えてほしい、と思っています。

　このように、既存客といっても再購入のための動機に違いがあるので、必要な情報も異なります。ここを理解して施策を講じていくことが継続年数を上げるために一番必要なことなのです。
　年数とともに購入金額は上がり、維持するためのコストは下がり、クチコミによる新客獲得の効果も大きくなります。継続年数を延ばすことは、それらすべてが実現できる、理想的な施策なのです。

11 新客はどうすれば効率よく獲得できるか

数式

新客獲得単価 ＝
新客獲得費用 ／ 獲得新客数

新客獲得の目標は「売上高」ではなく、あくまで「客数」です。そうでないとそこから既存客活性化によって利益を生むというビジネスのサイクルにつながっていかないからです。効果測定も費用の対売上高比率の多寡で判断するのではなく、新客を一人獲得するのに費用がどれだけかかったのか、という指標で行います。費用の対売上比率が低くても目標の人数が獲得できなければその新客獲得策は成功とは言えないのです。そのためにも新客はきちんと区別してデータを取り検証できる仕組みを作っておくことが必要です。

▶ 一人当たりの適正獲得費用は？

　新客数と獲得費用のデータが取れたら、次に新客一人当たりの獲得費用が妥当かどうかを検証します。

　その判断基準は何か。それはLTVの大きさで決まります。新客時にかけた大きな費用は、そののち既存客としてもたらすLTVによってカバーされるべきものだからです。

　仮にLTVとしての一人当たり（以下同）売上高が80000円、営業利益率が10%で8000円だとしたら、新客獲得費用は8000円以下でないと採算がとれません。新規事業でLTVが

第4章　集客力を伸ばすための数式　　115

未定で新客獲得に 8000 円かかったなら、LTV での営業利益をそれ以上にしなければならないということです。

この水準は商品単価や客単価によって大きく異なりますが、直感的には「そんなにかかるのか」という感じの金額になります。

しかしこの数字は現場で即座に認識することは難しいため、どうしても費用の総額だけを把握することが多くなってしまいます。たとえばあとからそれが 10000 円だったとわかっても、それがどういうことなのか、実感が湧きません。

そんなときには現場の関係者によく次のようなたとえ話をしました。
「新客獲得費用が 10000 円ということは、店舗の入口で通りすがりの人に1万円札を渡して『これで買い物してください』と言っているのと同じだ」

これはあとから LTV で回収するというところを抜きにしているのですが、この話をすると、具体的な費用がイメージでき、もっと効率的にしなければ、と考えるきっかけになります。

むやみに費用をかけても入口で渡すお金の額が増えていくばかりだと考えることでそれを実感できるのです。

▌ どんな費用があるか

新客獲得にはどんな費用がかかるのか。

これは新客獲得に限らずの話ですが、最も直接的なのは TV、雑誌、ネットといった広告を運ぶメディア（媒体）費

用です。それにコンテンツ（情報の中身）の製作に関わる費用も加わります。それに販促費用や人件費などを加えることもあります。

　中心は最大の費用であるメディア費です。使用するメディアの効率をしっかり検討することが大事です。検討する指標として最も重要なのはレスポンス率です。情報を届ける対象人数に対してどれだけの人が新客になってくれるかという率です。

招かれざる新客

　目標が人数であると明確になったとき、ひとつ陥りがちな罠があります。大きな割引や意図的な低単価商品を前面に押し出してしまうことです。

　確かにこのやり方で通常より意図的に客単価を下げると、客数は確実に増えます。私も通販企業時に一度経験をしたことがあります。通常の半分以下の単価の商品で新客獲得キャンペーンを行ったのです。

　結果は予想をはるかに上回る新客が殺到してコールセンターがパンクし、一般社員もみな受注に駆り出されました。

　これは大成功と思いきやしばらくたつと、このとき獲得した新客がその後全く購入してくれないことがわかったのです。その価格なら買うという消費者ばかり集まったので、倍以上の価格の通常商品を買う動機は全くなかったのです。

　これではどんなに高度なCRMノウハウをもってしても挽回は不可能です。高い授業料でしたが良い教訓になりました。

第4章　集客力を伸ばすための数式　　117

新客獲得費用はだんだん上がっていく

　既存客が少ないうちは、新客の方が圧倒的に多いので、妥当な方法を見つけることができる可能性は高いです。ところが既存客が順調に増えてくると、困ったことに同じ施策同じ費用で獲得できる新客数が減ってくるのです。

　最初は対象者がすべて新客候補ですが時間がたつとその中で既存客がどんどん増えていき、新客獲得に有効だった施策が、いつのまにか反応するのは既存客ばかりという現象が起こるのです。

　当然一人当たりの獲得費用も上昇します。それをカバーできるくらいLTVが上がっていくのが理想なのですが、それにも限界があります。

　ここで新客獲得を非効率だとして諦めてしまうと、その企業ないしブランドは衰退の道に進むしかありません。

　ではこの事態を避けるためには、どのような施策が考えられるでしょうか。

既存客が新客を呼ぶ

　ひとつの方法は既存客に新客獲得の役割を担ってもらうことです。一見そんなことは不可能だと思うかもそれませんが、これは実際に行われてきている方法です。

　以前からも「お友達紹介プログラム」というのが存在していました。既存客がその友人を紹介してくれたら、紹介された人にもした人にもメリットを供与するという仕組みです。

　この仕組みは最近ではブランド・ロイヤルティの観点から

改めて注目されています。どういうことかというと、既存客の中でもブランドに強い愛着を持つ既存客（ロイヤル層の既存客）は他の人にもそのブランドを強く推薦する傾向があり、それが新客獲得に少なからず貢献しているということです。

　旧来のメディアでの新客獲得の効率が落ちる中でこれを活用しない手はない、ということが認識されてきているのです。これは**ファンマーケティング**とも呼ばれています。

　この手法が広がる背景にはスマホの普及に伴い SNS が大きな力を持つようになったことがあります。

　商品を購入する前にネットで評判を調べるのは今や通常の行動パターンになっていますが、そのときに参考にするクチコミ、それこそが既存客の影響で新客が増えるという好例なのです。そう考えると今や既存客による新客獲得はごく普通のことだとわかります。

　マスメディアによる新客獲得効果が旧来の力を失う一方で、近年それを代替してきたのが新たなメディアとしてのインフルエンサーでした。

　しかし企業による広告目的の発信と区別が難しくなることでそれを避けるよう規制が強化されていることもあり、その役割が徐々に既存客からの発信に移りつつある、という見方もできるでしょう。

　このような利用者による情報発信は UGC（User Generated Contents ／ユーザー生成コンテンツ）と呼ばれ、信頼度の高いメッセージとして扱われるようになってきています。

チャネルを増やす

　新しい販売チャネルに進出することも新客獲得の機会を増やすうえで有効な方法です。現在では実店舗の販売に加えネット販売を行うということが普通になっています。

　実店舗でも直営店と卸売りはまた違ったチャネルです。違うチャネルではまた違った新しい消費者に出会え、違った新客が獲得できる機会となります。これがオムニチャネル戦略のメリットのひとつです。

　ひとつのチャネルで既存客になっていても、新たなチャネルができるとそこではまた違った消費が上乗せされることが期待できます。既存客の購入チャネルが増えると購入機会が増えて購入総額は増えるというのもオムニチャネル戦略のもうひとつの、そして最大のメリットです。

イベントの効用

　店外イベントという新客獲得手段もあります。店外というと実店舗を展開している企業やブランドの施策のように思えますが無店舗でも行えます。

　現在多用されているのが期間限定出店、いわゆるポップアップストアです。これは一定期間（1週間から長いと半年に及ぶ場合もあります）を決めて新客の獲得しやすい場所への出店をすることを指します。

　リーマンショックから回復した2010年以降、アメリカの主要繁華街では家賃が急騰し小規模な商店や飲食店では全く

採算が合わなくなりました。大手のスポーツブランドやIT企業のショールーム的な出店、すなわち家賃を売上で賄うのでなくブランドの広告投資として扱える企業でないと出店が難しくなりました。

そこで考えられたのが、強い集客力という地の利を生かして長期の賃貸借でなく短期的な賃貸借を行うことで、これに短期的に新客獲得をしたい企業やブランドの認知を上げたい企業のニーズと合致して広がってきました。

日本でも大きなトレンドがなくなってくる中で、常に新たな話題を作りたい商業施設側の意向もあって、通行量の多い良い場所をポップアップ用に貸し出すケースも増えてきました。

あまりに短期の出店だと通常は建築費を償却しきれずだいたい赤字になります。ですからポップアップ店を通常店舗の売上の補填と考えると損益的には難易度は非常に高いと言えます。

しかしその目的を新客獲得とすれば、採算ベースに乗せることは十分可能です。そこで獲得した新客は自社のウエブサイトで引き続き既存客としてフォローしていくことができるからです。

純粋にブランドを浸透させることで新客を獲得する方法もあります。グッチやディオールなどラグジュアリーブランドは、美術館などを使った大掛かりなイベントも頻繁に行っています。

これは広告などでは伝えきれないブランドの本質を直接消費者に伝えるための大掛かりな仕掛けです。そのため最初か

らロイヤルティの高い新客を獲得できる可能性があります。

　最初に反応するのはブランドのロイヤルカスタマーですが、大きな仕掛けによりその発信力がより強力になるため一般消費者にもそれが伝播する効果が出てきます。

　これはラグジュアリーブランドだけでなく、すべての企業・ブランドで参考にすべき動きだと思います。

12 広告効率は必ず測定する

数式

広告効率 ＝
売上高 ／ 広告費

この数式は当該の集客施策がどれだけの売上を生み出したかを見るための数式です。この効率は通常 ROAS（Return On Ad Spend）と呼ばれるものと同じです。なおここで言う告知施策とは、いわゆる広告・宣伝・販促など集客施策のすべてを含みます。この逆数が広告費の対売上比率、CSR（Cost Sales Ratio）です。

▶ 検証ができない場合とその理由

　特定の施策一つひとつにその集客の効率を計測することは、売上を上げ利益を高めるためにはとても重要なことです。しかし実際にはなかなか行われていません。

　大きな理由は施策によって上がった売上を計測できないことによります。直接消費者に販売する業態、いわゆる B2C であれば、通常 POS データと言われる会計ごとに「いつ」「何が」「何個」売れたかというデータは容易に取得できます。

　既存客の個人情報のデータがあればそれと紐づけることで「誰が」をそれに加えることができます。そして使用したメディアを通してアプローチした既存客のデータと、誰が買ったかというデータがあれば、その施策の効率は測定できます。

第4章　集客力を伸ばすための数式　123

ところが次のような場合はそれができません。

―既存客情報と販売情報をリンクさせる仕組みがない。
―マスメディアの広告などはどの売上につながったのかが
　特定できない。
―他の販促施策もあるからどれが購入に至った売上なのか
　が特定できない。

　こう考えると、いくらシステムを整備しても検証できる施
策は限られるのではないかと思えます。ですが、だからやら
なくてもいいかといえば、絶対にそうではありません。

▶ 検証できない施策はやらない

　正解は「何でもいいからやり方を考える」です。
　システム的にきれいにデータが取れないなら、マニュアル
でもいいから取るのです。どの施策が購入に至ったのかを知
るためには、会計時にレジで聞く、という超アナログ的な方
法でよいのです。とにかくデータを集めるのです。
　いくらアナログで誤差があるといっても、毎回同じ方法で
行っていれば、少なくとも相対比較として過去の施策と今回
の施策のどちらの効率が良かったかがわかります。
　この検証が年単位に積み重なると、大きな効率の違いにな
り、やるのとやらないのとでは売上と利益に大きな差が出る
のです。
　データを取らずにやり続けることには、次のようなデメリ
ットがあります。

—効率の悪い施策を前回もやったからという理由だけで継続してしまうことが起こる。

—効率の高い施策だったにもかかわらず特に理由もなくやめてしまうことが起こる。

—現場や関係部署の中で一部の意見で施策の良し悪しが決まってしまうことが起こる。

当たるかどうかわからずに費用を使うのはギャンブルと同じです。そんな経営はあり得ません。少なくともデータをもとに当たる確率の高い施策を講じて、結果を検証して、より効率の高い施策に入れ替えていく、という仕組みを作ることが何より大切です。

特にこの広告・宣伝・販促関連の集客施策は使う費用も大きく売上にも利益にも影響がとても大きいので、明確で客観的な判断基準がどうしても必要なところなのです。

私が一貫して言い続けてきたことは「結果が測定できない施策はやらない」。これをルールにしないとなかなか習慣を変えることは難しいのです。

▶ 集客施策の効率はレジからの距離と反比例する

経費には上限がある以上、なるべく効率の良い施策を探したい。そう思うときに役立つ法則があります。それが**「集客施策の効率は、レジから情報を受け取る場所までの距離に反比例する」**です。

体感的にはわかりやすいと思います。たとえば「今お買い得な一品がある」という情報があるとします。レジから遠い

ところである自宅やオフィスなどでこの告知を受け取っても、すぐに行くわけにはいかないことが大半です。行こうと思っても、実行するまでにいろいろな予定や予期せぬ変更が入ったりします。なかな購入確率は上がらないものです。

　しかし今からレジで精算、というときにレジ前にその商品があってお勧めを受けたらどうでしょうか。ついで買いしてしまう確率は高そうです。しかも告知と違って費用が全くかかっていません。これほど効率の高い施策はないはずです。

　ただこれも実際にはあまり生かされているとは言えません。告知と販売は担当部署が分かれていることも多いので、その場合この２つを同じ次元で比較してより良い施策を選ぶという発想になりにくいのです。

　これはとてももったいないことです。集客力と販売力という２つの力を別々に考えずに、ひとつの目的を実現するためにお互いの力をベストな状態で組み合わせる、という発想ができるようになると間違いなく集客効率は上がっていくことでしょう。

13 レスポンス率を どうやって高めるか

数式

レスポンス率 =

購入者数 / 告知者数

LTV を最大化するためには既存客に対して告知をして購入を促進することが欠かせません。その告知の効率であるレスポンス率を表すのがこの数式です。情報を伝えたとき、その対象者のうち何人が購入に至ったか、というのを示す数式です。この効率がはっきりわからないと施策の成否は曖昧になり、LTV 最大化への道を進んでいるのかそうでないのかがわからなくなります。

▶ 情報の頻度

施策でまず考えておくべきことは「忘れられないこと」です。今日出会った人と名刺交換しても、何もしなければすぐ忘れてしまいます。忘れずに再会したい大事な相手であれば、会った日にすぐにメールを送ったり、そこで次のアポを取ったりします。

購入者も同じです。購入から何日以内にコンタクトしないと再購入率が下がるというのはデータを取ると経験則でわかってくるはずです。

だいたいの CRM のソフトでもこれは基本的な機能として組み込まれていると思います。そしてその後は定期的にコンタクトをすることが重要です。今はさまざまなところから

第4章　集客力を伸ばすための数式　127

DMがSNSやEメール、郵送などあらゆる手段で毎日やってきます。情報を受け取ってすぐに行動を起こさない限り、次の情報の中に埋もれて消えてしまいます。

その意味で今や情報の賞味期限は長くて2〜3日と考えてよいでしょう。それゆえ情報発信の間隔も短くなってきています。

よく聞くのが、「そんなに来たら迷惑ではないか、ブロックされるだけで逆効果ではないか」という声です。そう思って控えているとせっかくのニーズを他社に持っていかれます。

頻度が多くてもその情報がもたらしてくれるメリットが大きければ、消費者は歓迎するでしょう。頻度よりも情報の中身が問題です。

レスポンス率を改善するには？

レスポンス率の改善にはどれだけ的確に購入する動機を与えられるかということが重要です。これを4つの視点、3W1Hから考えます。

① When　いつ伝えるか？
② Who　誰に伝えるか？
③ What　何を伝えるか？
④ How　どうやって売るか？

いつ伝えるか？

まずは告知のタイミングです。初回購入のあとが非常に大

事なところです。なぜなら1回目から2回目に至るところで最も多くの既存客が失われてしまうからです。まだ試し買いのような段階で製品やブランドについての愛着がそれほど強くないため、離脱の可能性が極めて大きいのです。

そんな段階でいい印象を強く与えることができれば、継続の可能性はぐんと上がります。せっかく大きな費用をかけて獲得した新客をここで失うわけにはいきません。速やかにフォローアップの告知を行うべきです。主なポイントを次に示します。

―まずはサンクスメールと言われるような、購入への感謝を述べる言葉を伝えます。
―同時に、購入した商品がとても良い選択であったことを改めて納得してもらえるような情報を提供します。商品への満足度をより高いものにして再購入を促すためです。
―そして再来店の際のメリットの提供、相手を大事にしていることが伝わるように購入の感謝の気持ちを込めます。

2回目以降は買い替え時期や新製品発売のタイミングでの告知になりますが、これは商品によって異なります。季節商材は季節の変化に応じて、リピート商材は消費期間に応じて、雑貨などは世の中のイベントに応じて、食品など日用品は毎週決まった曜日になど適切なタイミングを決めていきます。どれもその商品のニーズが高まるときに告知することが重要です。

同じリズムで告知を繰り返すということにはもうひとつ注目すべき点があります。それは購入者側でも購入のリズムが

作れるということ。

　購入者がそろそろ来るタイミングだ、ということで購入の
準備ができるようになるのが双方にとって理想的です。

▶ 誰に伝えるか？

　レスポンス率を上げるためには、レスポンス率の高い対象
者を選ぶことが一番重要です。すごく当たり前のことですが、
考える余地は大いにあります。

　では既存客の中でどういう対象のレスポンス率が高いのか。
それは当然、たくさん買ってくれる人です。ではたくさん買
ってくれる人というのは何を基準として判断するか。それに
はRFM分析と言われる手法が一般的です。

　RFMというのは、次の3つの基準の頭文字を取ったもの
です。それぞれの基準とレスポンス率の関係は次の通りです。

　R＝Recency　最後にいつ購入したか　直近の方が高い
　F＝Frequency　何回購入したか　回数が多い方が高い
　M＝Monetary　いくら購入したか　金額が高い方が高い

　回数（Frequency）と金額（Monetary）はほぼ比例します
ので、実際に使用するときはわかりやすいように金額
（Monetary）だけで判断してもいいと思います。

　購入日（Recency）については、ある一定期間以上購入が
ないと再購入の確率がゼロに近づく、というポイントがあり
ます。集客のために告知をするならばそれより以前の購入者
は除外した方がいい、ということがわかります。

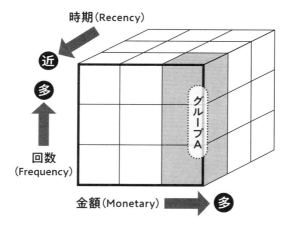

　年に何度か購入機会のある商材であれば1年以上購入がないとなると、おそらくすでにその商品からは離れて別の商品を利用している、再購入は望み薄と考えられます。

　商品の購入サイクルによっても変わりますが、直近半年以内または直近1年以内の購入者に限定することが一般的です。RFMによって既存客のグループを3次元で表すと図のようになります。近い時期の中で回数にかかわらず金額の大きい層が最もレスポンス率が高くなる層と想定されます。
　再購入の期待できる期間内で、多くの金額を買っている既存客を対象とする。これによりレスポンス率の高い告知を行うことができるようになります。
　これをあらかじめグループ化しておくのが顧客セグメントです。再購入の可能性が高い順に既存客をグループ化してお

くのです。最も再購入可能性の高いのがグループ A、次がグループ B、といった具合です。

郵送する DM の場合は製作費と送付費用がかさむので、なるべくレスポンス率が高くなる、先述のグループ A を選んで集中的に告知することが必要です。

一方デジタルの場合は、送付数が多くても費用の増加は限定的なので、より広く対象者を取ることができます。ただそれによってレスポンス率の分析が甘くなることもありますのでそこは注意が必要です。レスポンス率分析を怠ると、集客によって売上を作る力が落ちてしまうことになるからです。

もうひとつ重要なポイントがあります。それは同じ告知を複数回行う場合も対象グループの選択肢は変わらないということです。

直感的には、最初にグループ A に告知をしたなら、次は A を避けて B に行った方がいいだろうと思いがちです。ところがそうではありません。実際にレスポンス率を計測するとわかるのですが、たとえ 2 回目でもグループ A が絶対的にレスポンス率が高いことは変わらないのです。それは通常レスポンス率が高いといっても 50% 以下の場合が多く、まだ反応していない人数の方が圧倒的に多いからです。

逆に最初から 50% 以上のレスポンス率を得られるような場合なら、次のグループ B に移ることは有効になるでしょう。単に目先を変える、というような理由で対象者を変えてしまうとレスポンス率は高められないので注意が必要です。レスポンスのあった既存客だけ除いて残りの対象者に 2 回目の告知を行う、というのが妥当です。

既存客の CRM だけでなく、新客獲得のときもいろいろな
リストを使用して告知をする場合があります。それは多くの
場合、リストを使用するために費用が必要な場合があるので、
レスポンス率の分析が重要になってきます。

　たとえば出店先の商業施設が独自の顧客リストを持ってい
る場合や、提携するクレジットカード会社が持っているリス
トを利用可能な場合です。この際に重要になるのが「誰に」
を絞り込んでレスポンス率の高い告知にすることで、売上と
費用効率を高めることです。

　ポイントは、自社の既存客に近い属性に対象を絞ることで
す。年齢、性別などの属性データが自社既存客に近いこと、
購入商品が自社の商品群に近いこと、使用金額が高く、購入
時期が近いことなどの条件で絞り込むことでレスポンス率を
上げることができます。

　自社の既存客よりも当然レスポンス率は下がります。しか
し無作為にマスメディアで告知をするよりもはるかに高いレ
スポンス率を得ることができ、当然新客獲得の費用効率も良
くなるはずです。

▌何を伝えるか？

　そして最も重要なのが「何を」伝えるか、ということです。
消費者に商品を買ってもらうことで成立する企業であれば、
当然一番大事なのは「商品」です。

　ところがそれを飛ばして次の「どうやって」すなわち販促
ばかりに目が行ってしまいがちで、ここは十分気をつけなく

てはいけないところです。

　中心になるのはあくまで商品であって、販促はあくまでそれを促進するための手段にすぎません。

　ところが販促が手段でなく目的と考えてしまうことがしばしば起こります。ナショナルブランドを扱っているから価格競争で勝つしか集客手段がない、と考えてしまっては大きな利益を得ることはできません。

　まずは「なぜ今この商品を買うことに価値があるか」を伝えることが何より大切なことなのです。しかしこれは結構面倒です。告知を担当する部署にとって商品は他部署の管轄だから考えない、ということもあるかもしれません。

　いずれにしても商品の価値を第一に伝える、ということを共通認識にしておく必要があります。

　そのとき既存客にとって最も価値のある商品を訴求する、ということはわかっていただけたかと思います。

　ではこれを期間中何度か告知する場合は、商品を替えた方がいいのか。正解はそのとき一番価値のある商品を何度でも推し続けること、です。購入者を除いて再度同じ告知をすることが最も高いレスポンスを期待できる施策になります。

▶ どうやって売るか？

　最後が販促施策です。主な販促策には、値引、割引、景品（GWP）などがあります。

　値引はセール時などに定価を下げて販売することです。定期的に開催していれば当然集客は高まりレスポンス率は高まります。ただし利益率は下がるので、売上だけでなく利益ま

で考えて施策を計画する必要があります。それに対して割引は、定価は変えず任意の時期に任意の商品を対象に価格を下げるものです。価格を下げる代わりにのちに還元されるポイントを付与するやり方もあります。

ただし最近は通常期から全商品を対象に行われているものがあります。ひとつは登録会員の年間購入額に応じてすべての購入を割引する方法。ナショナルブランドを扱う企業で競合に対する顧客囲い込みの策として行われていますが、そもそもナショナルブランドを扱うことで粗利益が低いうえに最も利益に貢献する層において割引競争をしてしまっては、収益性としては問題が残ります。

自社クレジットの保有者を対象とした割引であれば金融収益があるので、ある程度は補填され相乗効果を出すことはできると思いますが、そうでない場合は要注意です。

ポイントも同じです。さらに最近では複数のポイントが同時に取得可能であったりして、より高いポイントのために購入場所を吟味するいわゆる「ポイ活」が注目されたりしていますが、その波に流されず冷静に収益性を見極めることがより大切になってきています。

▶ ＡＢテスト

4つのポイントを意識してレスポンス率を上げていきますが、違う商品で違うタイミングで行ったものを比較して改善点を見いだすのは難しいこともあります。

そこで有効なのが、ひとつの企画に対して複数のパターンを作り、同等の既存客グループに告知してレスポンス率の違

いを見るという方法です。これを AB テストと言います。

　AB と言ってもパターンは 2 つ以上でも構いません。ただしそれぞれにある程度の人数が必要です。

　注意点は、比べる要素をひとつに絞ること。

　商品を変えるか、販促を変えるか、クリエイティブ（コピーや配置）を変えるか、どれかひとつです。この地道な積み重ねによって、レスポンス率は向上させることができ、それが集客力を大きく伸ばすことにつながるのです。

14 真の集客力を見極める方法

数式

リフト率 =
告知者レスポンス率 − 非告知者レスポンス率

施策の集客力を測る指標としてレスポンス率の大切さを伝えてきました。しかし集客には実は何もしなくても自然（オーガニック）にできる部分があります。施策の本当の集客力とはそのオーガニックを超えた部分であり、それがこの数式で表すリフト率です。

リフト率の測り方

　計測の仕方は簡単です。告知を行うときに対象者のうち告知を送らない既存客を一定数設定するのです。この人たちを**コントロールグループ**と呼びます。そして、送ったグループのレスポンス率と、コントロールグループのレスポンス率の差がリフト率ということになります。

　コントロールグループは通常グループ総数の10%程度に設定します。少ないとデータとして信頼性が足りず、多すぎると取れるはずの売上増加分をみすみす失うことになるので、必要最小限にとどめるのです。

　なお、リフト率と言った場合、商品AとBの併買による増収効果を見るときにも使われる用語ですが、本書では顧客データベースマーケティングの用語として扱います。

第4章　集客力を伸ばすための数式　　137

どのグループが高いのか

では、どのようなグループが本当の集客力であるリフト率が高いのでしょうか。

前項の例で一番売上の大きかったグループＡから順にＢ、Ｃがあったとします。どのグループのリフト率が高いのか。結論から言うとグループＡです。一番買い物に来ているグループは何もしなくても来るオーガニックのレスポンス率が高いはずですが、リフト率もまた高いのです。

反対にあまり来ないグループＣに告知を送るとどうなるでしょうか。普段反応の少ないＣの方が告知に反応しそうにも思えます。でもＡはオーガニックも高いが、告知での反応も最も高く出るのです。ここはあまり一般的には知られていないように思いますが、知っておいて損はありません。

最初に一番レスポンス率の高いはずのＡに告知数を決めたとします。まだ告知数に余裕がある場合、どのグループに追加すればよいかと問いかけると、多くの場合、告知してないＢやＣにすれば追加の売上が期待できるのではないかという反応が返ってくることがとても多いです。この場合の正解はさらにＡの対象者を増やすことです。

使うか使わないか

この数式の示す構図が見えてくると、次の施策を考えるときにコントロールグループを作らずにやってしまうことが恐ろしくなります。何かすごく無駄なことがあるのを見過ごしてしまうのではないかと思うからです。その通り、この測定

こそが真の集客力を測る指標なのですから。

　使わないとしたら理由はなんでしょうか。まずはその意義を理解していないことにあるのですが、その前にせっかくの告知を多くの優良顧客に送らずにみすみすその分の増収効果を捨ててしまうことへの抵抗感にあると思います。

　事実私自身も最初にこの手法を聞いたときはそう考えて抵抗しました。しかし実際にやってみると、その犠牲以上にその後の施策の向上にとても有用な価値あるデータが得られるとわかり、以来必ず実施するようになりました。

▌カスタマージャーニーからレスポンスを予測する

　カスタマージャーニーという言葉は、広くは消費者がある商品の認知から購入、そして再購入や情報拡散などに至るプロセスを示します。効率的な広告の計画やウエブ上での行動に自動で反応するプログラムなどの作成に際して使われることが多いと思います。しかしここでは、特定の商品の購買から、その人がその先どんな商品をどれくらい買うか、を予測する方法として使います。

　たとえば、コンビニで朝いつもペットボトルの水を買う人は、昼におにぎりを買いに来るとか、朝に水と一緒にサンドイッチを買う人は昼には買いに来ないなど、最初の購買から次の購買のパターンを類型化したものをカスタマージャーニーと呼びます。

　これは購買データに顧客データが紐づいてさえいれば分析が可能です。すべてデータをもとに行うので適切に行えばか

なり有用なデータを得ることができます。

　既存客として継続してもらうためには2回目の購入の有無が最も大きな壁になります。これをむやみに改善しようとしても膨大な労力が必要になり、効率は悪いでしょう。

　1回目の購入商品によって2回目の購入確率もかなり変わってくることがわかれば、より適切な施策を打てるはずです。商品Aを買った場合は一度きりで終わる確率が高い。一方商品Bを買った場合は次にBに加えてAを買ってくれる確率が高い。

　データからこういう2つのカスタマージャーニーが見えてきたとしたら、Bを買った人に必ず次に買いに来てもらうことに注力するのがよさそうです。一方で最初にAでなくBを勧めるという販売方法を徹底することも結果を改善することにつながりそうです。

　ただしこの分析はいくらでも細かく詳しくできてしまうので注意が必要です。細かすぎるカスタマージャーニーではどういう対処をすればよいのかが逆に絞れなくなってしまいます。これが目的にならないようにすることが必要です。

　望ましいのは、まずLTVの大きな既存客のカスタマージャーニーを分析し、最も望ましいカスタマージャーニーを見いだすことです。

　一方で最も継続率の低いカスタマージャーニーも見つけ、その改善方法を探ることも有効です。この2パターンのカスタマージャーニーを明確にすることから始めるのがよいと考えます。

どれくらいの率になるべきなのか?

　レスポンス率とリフト率を計測すると、その値が高いのか低いのか、どれくらい取れば合格なのかが気になります。しかし何%取ればよいという、正解はありません。リフト率が真の販促効果だとしたら、リフト率に相当する売上とかけた費用を比較するのがフェアな販促の効果測定といえます。

　大事なことは、他の事例と比べてリフト率が高いのか低いのか、ではなくて、過去の同様の事例と比べて改善ができているのかどうか、ということに重きを置くべきだということです。

15 一度つかんだ顧客は離さない

数式

リテンション率 =

再購入者数 / **購入者数**

レスポンス率と並んで CRM を向上させる重要な指標がリテンション率（残存率）です。顧客維持率と言うこともあります。この数式が前年度の購入者が今年度もどれだけ購入してくれているか、という継続率を表します。期間を年度で取るのは、新客獲得の費用を回収するには年度を超えた長い期間が必要になるからです。リテンション率が高まり長年買い続けていけばいくほど、購入頻度や金額も上昇し、さらに新客獲得にも貢献してくれるようになります。

▶ 2回目の壁を乗り越える

　リテンション率を上げるための最初で最大の関門、それが**どうやって2回目の購入をしてもらうか**、です。

　初回購入に次いで高いハードルなのが、一度買った人にもう一度買ってもらうことです。まずここを改善できればかなり大きなプラスになる、というのが容易に理解できます。ところがその難易度の高さも同じです。ファッションなど必需品でない場合2回目購入の確率はだいたい 50% をはるかに下回るというのが私の体感です。

　この率はさまざまでしょうが一番の障壁であることは変わ

らないはずです。一度買ったくらいではその商品やブランドに対してロイヤルティと言われるようなものは感じないものだと思えば、その難しさが理解できますし、単純な施策では効果が出ないこともわかると思います。

　一度買っただけでその商品や接客が他と比べて圧倒的に優れていると思ってもらえることは、理想ではありますがなかなかない、だからこそ、伝えきれていない良さを重ねて訴えかける努力をしなければならないということです。

　サンクスレターなどの対策をしていても、それはあくまで単発施策であり、目的も不明確というかやることが目的になっていることが多いのではないでしょうか。

　2回目購入の確率を上げる、それがリテンション率を上げLTVを上げるという大きな目的をしっかり認識することで、施策の内容も実効性も上がってくるはずです。

　そう考えると、購入のあとに送るメッセージ、サンクスレター（今はほぼデジタルですが）の内容も変わってくるはずです。

　たとえば販売に携わったスタッフ自筆のレターを送る、という施策が古くからありました。このことがリテンション率向上に効果を上げるためには、そもそも顧客満足を得るに足る接客をしていたことが前提となります。

　それなしではいくら丁寧にレターを書いたとしても、効果は期待できません。そして、ロイヤルティを得るためには同時に商品に対する満足度を上げ、そして告知そのものとして満足度を上げるものにすること、そこまでする必要があるのです。

接客のマニュアルには、接客の最後に購入された商品について正しい選択であったことを強調する、という項目があることも多いです。これも商品購入に対する満足感を高めるための施策です。

　もちろん根拠がなくては効果もありませんが、顧客の気づいていない良さまでしっかりと説明し、商品に対する満足度をより高めるということが重要なのです。

　単に商品を買ってもらったらおしまいでは決してありません。販売スタッフを介さないセルフの売り場やネット販売の場合では、なおさらこの仕組みを購買時そしてその後のプロセスに組み込んでおくことが必要なのです。

　告知の満足度を高めるために必要なのが販促策、中でも２度目の購入を促すために有効なのが、次の購入時に特典をつける、いわゆるリターンチケットです。これをチケットとして購入時に渡し、その後の告知でもリマインドして使用期限内に再度知らせるという方法です。

　初回来店時からこのような流れ作業式の施策を構築することで、商品面、接客面、告知面からの顧客満足を高める努力をすることが求められます。

▌定着への臨界点を探す

　２回目の壁を越えると、それ以降続けて買ってくれる確率が高まるという臨界点が現れます。これは前述のカスタマージャーニーを分析することでつかめてきます。ほぼ定着、というのは私の個人的な体感では継続率が70％を超えるあたりだと

考えていますが、前に触れたように2回目に至る継続率が50%をはるかに下回ることから考えると大変な変化です。

これはもちろん商材などによって変わるため一概には言えませんが、基本的な考え方は、何回も買って商品や販売、告知に接する機会が増える中で顧客満足が蓄積され、徐々にブランドへのロイヤルティが高まっていくということを示していることに変わりはありません。

この臨界点まで頑張ってつなげていくことが、リテンション率の向上を実現するのです。その意味ではリテンション率は顧客満足度の指標とも言えます。

顧客満足度を上げるというのは売り手視点でなく顧客視点であるため、施策を考えるために全社を顧客志向にするにはとても良い見方です。

しかし企業は利益なくしては存在できないので、この顧客満足度がリテンション率の向上につながり、新客獲得投資を回収し、また次の原資とするという経営的意義を持つことを理解することも同じく重要なのです。

ブランド・ロイヤルティを高める施策

ポイント施策や割引施策、そしてサブスクリプション（定期購買）など、リテンション率の向上のためにはさまざまな施策が行われています。そこで注意すべきことが2つあります。

ひとつは考え方として「顧客を囲い込む」ではなく「顧客満足度を高める」という発想を持つこと。もちろん内部では「リテンション率の向上」という目標を持つべきですが、対外的

に公言するのはどうかと感じます。その場合はだいたいポイントや割引で競合より有利な条件を出してこちらに誘導する、という豊富な資金力を生かしてトップシェアを勝ち取る戦略が取られます。

　差別化が難しい業界で最大手の争いであればそれはそれで正しいとは思いますが、それ以外の場合は、まずは差別化できるポイント、顧客満足を高めることができる独自の強みを生かしていくのが先です。

　ですから定期購入の場合も、途中での解除がしにくい仕組みを作ったり、途中解約には誰も読まない規約の中でペナルティが決まっていたり、などの顧客満足に反する行為は慎むべきでしょう。

　私が経験し話題を呼んだ施策のひとつに無条件返品がありました。もし商品に満足できなかったら、どんなに時間がたっていても無条件で返品を受け付けるというものです。

　これは創業者の品質に対する絶対的な自信から生まれた方針で、顧客への約束として明示されていたものです。衣料品の業界では、こんなことは前例もなく、大変なことになってしまうのでは、という危惧がありました。

　でもそれを敢えて導入しました。他にやっていないがゆえに、それが顧客満足度を高めブランド・ロイヤルティを高めることに大きく貢献する、と考えたからです。

　実際、稀に悪用されたこともありましたが、結果はプラスの方がはるかに大きかったことは言うまでもありません。顧客満足の追求は決して収益の改善と相反するものではないのです。

休眠顧客

継続率が 100% でないということは、購入経験があるにもかかわらず買うのをやめてしまった既存客が存在することになります。**これを休眠顧客と言います**。

継続している既存客はアクティブユーザーです。2回目に至るだけでも半分以下に減ってしまうなら、休眠顧客は初回購入した人数の中で大部分を占めることは間違いありません。一人当たり多大な費用をかけてやっと獲得した新規客。でもその大部分は継続しないで消えていってしまうということです。その分残った人にかかる新客獲得費用回収の重荷は大きくなるばかりです。

休眠顧客をなんとか再度目覚めさせることも重要な施策になります。なぜなら、その減少分を新客獲得で補わなければならないとしたら、今まで買ったことのない人たちを対象にして再度とんでもなく大きな費用をかけなければならないからです。

それに比べれば一度でも購入実績のある人たちの方が、再度購入する確率ははるかに高いはずです。レスポンス率から考えれば、どんな新客獲得よりも高いレスポンス率を取れるはずの対象者であることは確かなのです。

しかし現実にはこの対応に目が行かないことが多いと感じています。そこにコストの効率化の余地もあります。

休眠顧客は、最後の購買からの経過期間に応じて再購入の可能性が変わります。

第4章　集客力を伸ばすための数式　　147

経過期間が長いほど確率は当然下がります。なので、通常再購入が期待できるサイクルを過ぎても購買のない場合、まずは直ちに何かのアクションを取ることが肝要です。

　同時に、その原因を追究することも欠かせません。何らかの顧客満足度が下がった、または新たな満足を体験できそうにないことが原因だと考えるべきだからです。グループインタビューなどを実施して、休眠顧客の生の声を聞くことは地味な作業ですが必ず収益にも貢献するはずです。

16 既存客の違いがわかる 3つのセグメント

数式

顧客セグメント ＝

トライアル ＋ トレンド ＋ ロイヤル

既存客活性化を成功させるために欠かせない手法が、顧客セグメントを設定することです。この数式はランク分けの基準を表しています。まず期間を年間で区切り、その中で購買金額の高さを基準にセグメントを決めていきます。LTV の最大化のためには、ニーズが異なる3つのセグメントそれぞれに別の施策を行うことが必要なのです。

▌ 3つの層とは？

　まずは試しに1回買ってみたという**「トライアル層」**。購買回数は大多数が1回です。累計購買金額で言うと、平均客単価の概ね2倍以下という基準になります。この層が人数的には大多数を占めます。

　次に何回か購買はあるものの定着とまではいかない層。こちらは商品にとても興味があるから一度ならず利用してくれますが、他に気になる商品が出てきたらためらわずに移ってしまいます。いわば最新の流行を追いかける**「トレンド層」**です。購買金額は上下層の中間になります。

　そして最後がブランドをこよなく愛する**「ロイヤル層」**。商品展開の切り替えサイクルや買い替えサイクルごとに必ず購

第**4**章　集客力を伸ばすための数式　　149

買してくれるうえに購買点数も多い層です。

　年間購買金額は商品固有のサイクルによりますが、概して
トライアル層の数倍に上ります。多くの場合この層を自社の
VIPとかロイヤルカスタマーといった呼び方で別格扱いして
いることが多いでしょう。

　数としては全体の10%程度であることが多いと思います。
しかし売上高全体に占める割合は極めて大きくなります。私
の体感ではパレートの法則のように20%の上位顧客が全体売
上の80%を占めるまではいきませんが重要なことは間違いあ
りません。

既存客の3つの層

3つの層によって有効・必要な施策は異なる

「トライアル」「トレンド」「ロイヤル」の3つのセグメント
の既存客層はそれぞれ商品に対して違った見方をしています。

そのため対策も異なるのは当然で、それがセグメントする最大の理由です。

なお、既存客を購買金額の多い方は良い、低い方は良くない、というように考えてしまってはいけません。目的はそれぞれの状態に応じて最適なご案内ができるようにすることであり、あくまで顧客志向を貫くために必要なセグメントだと考えておく必要があります。

VIPだけになることなどありませんし、その逆もありません。どの層も必要不可欠な存在であることは間違いありません。

ここで全く仮の数字でセグメントを設定して、それぞれのセグメントの可能性を見てみましょう。なおリテンション率は本来顧客数で見るものですが、ここでは話を単純にするため売上高に掛けて翌年売上を簡易的に算出しています。実際には購入単価も変わるのでこのようにはなりません。

3つのセグメントの特徴

	人数シェア	売上シェア	売上高	リテンション率	翌年売上
ロイヤル層	10%	40%	¥400	90%	¥360
トレンド層	20%	30%	¥300	50%	¥150
トライアル層	70%	30%	¥300	20%	¥60

第4章　集客力を伸ばすための数式　　151

トライアル層

　トライアル層はまずリテンション率の低さが目を引くはず
です。300 あった売上が翌年たった 60 になってしまうのです。
ここをなんとかしたらかなりの売上改善につながるのですが、
ではどうすればよいでしょうか。

　大多数を占めるこの層が、お試しを超えてファンになって
もらうためにはまだまださまざまな説得が必要です。購入し
た商品に本当に価値があるかどうかこれから判断していく過
程にあります。

　販売時点ではまだ支払った金額に見合う価値があるかどう
か確信はないのです。ですから、その価値を精算時もそのあ
とも訴え続けるフォローが必要です。ここがしっかりできる
と 2 回目の壁を乗り越えられる可能性が高くなるはずです。
商品やサービスの改善のヒントもここに隠されています。

トレンド層

　この層は購入に積極的なので金額も頻度も高くなり、今後
ロイヤル層になっていく可能性も高いです。ただしここから
ロイヤル層になるには、さらにブランド価値を高めることが
必要です。

　商品・接客・告知それぞれで顧客満足度を高める施策がと
ても重要になってきます。特にこの層は情報感度が高く同業
他社と常に比較しているので、満足する水準も高いです。い
かにこの商品がマーケットをリードしているか、最新情報を
もとに説得していく必要があります。

このようにトライアル層、トレンド層それぞれの置かれた
状況は異なるため、ニーズの違いがあります。そのためラン
クアップのために必要な施策も変わってきます。ここに大き
な労力をかける必要があります。

ただ一般的にはCRMでここまで突き詰めて施策を考えて
いることは少ないのではないかと思います。

ロイヤル層

そして多くの壁を乗り越えて到達するのが終着点であるロ
イヤル層です。購入単価も頻度も高く、少数で売上の大半を
支えてくれるとても貴重な層です。またリテンション率も高
いです。翌年も360の売上を期待できるのですから、この層
のリテンション率が下がることは絶対に避けなければなりま
せん。

この層になると売り手以上にブランドと商品を熟知し愛着
を持っています。そのため、通り一遍の施策では響きません。
それだけ重要な顧客なので何をすればよいのか迷うところか
もしれませんが、実は非常にシンプルです。この層はとにか
くブランドと接する機会、商品を購入する機会を望んでいる
のです。

私の属した企業でもロイヤル層の顧客の売上は大きく、非
常に重要でした。なんとかリテンション率を維持するために
どうすればよいか、いろいろな施策を考えました。誕生月に
はお花を贈る、駐車場を無料にする、などの施策を考えまし
たが、それはあまり重要ではなかったのです。ロゴ入りのグ
ッズ（非売品）などの方が喜ばれました。

第4章　集客力を伸ばすための数式　　153

そこで気がついたのは、とにかくブランドと商品との接点を増やすことが最も望まれているのだということ。VIP ルームでの接客やデザイナー本人を招いてのトランクショーなど、ブランドと商品との新たな出会いにつながる新鮮で独自の企画を提供することが何より大事だと理解できたのです。

ロイヤル層の重要性

ロイヤル層の重要性を示す指標として、**NPS® (Net Promoter Score)** というものがあります。これは 10 段階で評価する顧客満足度調査の指標のひとつですが、特徴は「誰かに勧めたいか」という質問をするところです。

これに対して最上位の評価をつけた既存客の割合の高さが業績に強い相関を示すことがさまざまなところで実証されています。これはフレデリック・ライクヘルド氏が 2003 年に提唱した手法ですが、その後アメリカでは多くの企業で採用されているところを見ても、ロイヤルカスタマーの新客紹介を含めた購買力が業績に結びつくだけの結果を残すことの表れです。

ただ日本では、日本人がこういう評価は真ん中につけがちだということが影響して結果が低くなりがちです。

私も一度導入したことがあります。接客が良いはずの日本のスコアは他国より低めに出ていましたが、そこは気にしない方がよさそうです。聞かれれば「推奨する」と答えるという消極的な態度ながらロイヤルであるという顧客は多いようにも思います。

NPS®について

批判者	中立者	推奨者

1 2 3 4 5 6 7 8 9 10

全く思わない　　　　どちらでもない　　　　　　非常にそう思う

　しかしロイヤルカスタマーは控えめではあっても他者に推薦することで新客獲得に貢献することは間違いありません。

ファンマーケティング

　最近ではロイヤル層が周りに勧める効果を積極的に利用しようという動きが出てきています。ファンがファンを作る、という効果を狙ったマーケティング手法です。

　従来、新客獲得で中心的な手法であったマスメディアの影響力がネットの普及により低下してきました。それに代わって情報提供の主役になってきたのが「インフルエンサー」です。

　しかしそれも乱立気味でコストも上昇しているのと同時に、広告であることを隠したステルスマーケティングなどの規制も強化されてきています。

　そこで次の信頼できる情報源として注目されているのが、他ならぬロイヤルカスタマーです。ロイヤルカスタマーは新客獲得の重要なメディアとしての役目も担うようになってきているのです。

第4章　集客力を伸ばすための数式

第 **5** 章

販売力を伸ばす
ための数式

　商品力を伸ばし、集客力を伸ばし、最後の仕上げが販

売力です。これは無店舗、有店舗関係なく大切な力です。

消費者の行動を理解した上で、何をどう伸ばしていくべき

か、数式を元に説明していきます。チャネルの拡大も販売

力です。また顧客と直接コンタクトする場所としてブラン

ド価値の創出にも大きく関わってくるところです。

17 販売力を表す 2つの要素

数式

売上高	=

客数	×	客単価

売上を作るには3つの力がありますが、それぞれで売上に至る公式は異なります。商品力は売上を各商品の総和で捉え、集客力は新規と既存客の合計で捉えます。販売力を伸ばすには客数と客単価、この2要素をどうやって伸ばすのかが基本です。会計時に顧客情報を紐付けることで、有効なデータを取ることができます。

▶ 新客と既存客に分けて考える

　ここでも新客・既存客に分けて考えることが非常に大切です。売上施策6つのマトリクスの大前提です。極端に言えば、新客と既存客を一緒にして客数と客単価の分析をしても意味があるとは言えません。

　そのためには会計と同時に新客か既存客かという客種がデータに紐づくようにしておく必要があります。

　まず顧客のデータベースを持ち、購入してPOSデータを読み込むときにその顧客データが自動で紐づけられるようにしておくのです。

　このシステム的な投資をすることがこの先の分析ができるかどうかの分岐点になります。ネット販売の場合は顧客が購

買時に必ず配送先を登録する必要があるので、顧客データベースを含めたシステムはほぼあらかじめ内蔵されていると言えます。

　しかし実店舗の場合は匿名で買えるので、敢えてシステム化しなければなりません。このシステムは利益を出す数式を実践するために不可欠なのです。

▶ 新客と既存客への販売では意識する数値が違う

　新客獲得で重要なのは「金額」ではなく「人数」です。それゆえ接客も「客単価」ではなく「客数」を意識したものにしなければなりません。ここは注意が必要です。

　客単価は既存客の方が新客より高くなるのは極めて自然なことです。ですから新客の割合が多いときには全体の客単価は下がってしまいます。全体の数値しか見ていないと、そのときに無理して客単価を上げようとすることが起こりがちです。

　しかし新客と既存客に分けて見ていれば、実態がつかめます。もし既存客の客単価は落ちていないなら、全体の客単価が落ちていてもそれは新客の客数が増えているからであって、望ましいことと判断できます。

　既存客では「客数」「客単価」どちらも大切で、その結果としての既存客の「売上高」が最も重要な指標になります。既存客の売上はレスポンス率とリテンション率の改善を通じて自発的に積み上げていくことができます。

　それにより既存客売上高を積み上げていくことこそが売上の確固たる土台を作ります。どれだけ強い土台を作れている

かを示すのが既存客の売上高の絶対値なのです。

このように、新客と既存客では目的も戦略も異なるため、結果としての数値も別個に検証することが何より大事になるのです。

新客には動的待機が大事

誰でも初めての店で買い物をするときは、期待と不安が入り混じった状態で店頭に立ちます。まだ買うかどうか決めてはいないので、正直あまり接客してほしくない状態です。かといってせっかく店を訪れているのに全く気がつかれない、というのも気分がいいものではありません。

この微妙な心理を踏まえて適度な距離感をキープしながらも来店に対し歓迎の意を表するのが、**「動的待機」**と言われる姿勢です。

来店者としては、店舗正面で販売スタッフにじっと立っていられては、まるで獲物を待ち構える獣のように見え、とてもその中に入っていく勇気は持てません。スタッフが何か作業をしている最中であるとか、レジカウンターや什器で遮られていて、すぐにこちらに近づけない状態であれば、少し安心してその場で商品を見ることができます。

今すぐ接客にはいきませんから安心してください、というメッセージを発しながらも、来店者に対して歓迎の意を込めた挨拶をする、という姿勢が求められます。動的待機はこういったものです。

新客に対しては一歩引いた接客姿勢から始めて、何より高い「1回目の壁」を越えるための援助をすることがまず必要

なのです。

新客に対する VP と VMD

　このようにスタッフがすぐに接客に入れない場合、代わって販売行為を行うのが商品のディスプレイ、VP と VMD の役割です。

　VP（Visual Presentation）とは、ウインドーディスプレイに代表される、店舗と商品を魅力的に見せて入店と購買を促進させるための技法です。新客に興味を持ってもらうためにはまず VP が非常に重要な役割を果たします。

　VMD（Visual Merchandising）とは、計画通りに各商品を売り切るための展示場所と展示数量のルールのことを言います。店内の各種サインや POP もその一部です。新客に対しては VMD の中でも「何を店頭に置くか」が重要になります。

　新客の特徴としては、来店と購入の動機が既存客と比べてよりトレンドに寄っているということがあります。既存客になるとそのブランドが好きだから、という来店理由が徐々に増えていきますが、新客の場合はまだそのような気持ちになっていないので、あくまでどこかで情報を得て、または店頭で見て、という来店動機が多くなります。そのため店頭に置く商品が極めて重要な意味を持つのです。

　大事なことは、そのとき一番数が売れる商品を店頭に置くこと、その展示分量も最大限にしておくことです。何かを買ってもらえる可能性を一番高くするためには、一番売れる商品を最初に目につくところに置いておくこと。それはとても自然なことのはずです。VMD はきれいに見せる事だけでな

第5章 販売力を伸ばすための数式　　　　161

く、優秀な販売力を発揮できる手段なのです。

　VP も VMD もただ美しくするのが目的ではなく、それによってどれだけ客数を伸ばせるか、どれだけ客単価を高められるかを目標として行うことが大事なのです。

既存客への販売力を伸ばす

　一方、既存客に対しては売上の絶対額の向上が目標となります。
既存客の場合、1回目の壁を越えて商品をすでに購入しているので、ここから先はいかにブランド・ロイヤルティを高めることができるか、に主眼が移っていきます。そのブランド・ロイヤルティは店舗の場合は大部分が販売スタッフとの関係で作られます。

　この人に接客してもらいたい、この人と話がしたい、という動機を持ってもらえるかどうかがポイントです。優秀なスタッフと言われる人はそう思ってくれる既存客を多く抱えています。簡単に言えば、顔と名前が一致している既存客がどれだけいるか、というところがひとつの基準になります。

　行きつけの店などはそのような対応をしてくれるので居心地が良くなり、繰り返し使う、というのは誰もが体験することでしょう。これによって訪問頻度＝客数とともに客単価が大きく上がっていく可能性があるのです。

無店舗での販売力とは

　では無店舗販売の場合はどうでしょう。多くの広告費を投じてようやく商品までたどり着いた新客の心理に対して、ど

のような対応となっているかを検証することが大切です。

　実店舗と違ってネット販売では消費者は誰に遠慮することもなくいつでもそこから離れることができます。ですから動的待機ではなくいきなり強力な説得力を持った接客を行うことが必要になります。

　例としてはテレビショッピングが一番わかりやすいと思います。スポットCMとしていきなり現れ1〜3分で商品の購入まで一気に決めてもらわなければなりません。そのためにはまず全力で商品のアピールを行い、次に価格とお得さのアピールと続いていきます。

　その進行は最も販売力のあるスタッフが担っています。ネット販売の場合も同様に商品のアピール、写真の大きさや商品の特徴を魅力的に伝える説明などを強力にしておく必要があります。もちろん静止画より動画での説明の方が強力です。

　見せ方も非常に大切です。実物を見ないで買う分、消費者はその商品にまつわる「見えない魅力」まで含めて購入を決めているのです。実際には細かいスペックを見せることにばかり意識が行きがちです。それで実物を見られないデメリットを補おうとするからです。

　もちろんそれも大切です。しかし、その商品を使うことでどのようになるのか、という「効用」を見せることが非常に大切なのです。

　アパレルなら「どんなに素敵に見えるか」、スキンケアなら「どんなに美しくしてくれるか」、旅行なら「どんなに楽しいことが起こるか」、などが伝わることこそが、購入の決め手になるからです。実物を見る場合以上に自由に想像を膨らませ

ることができるのが、無店舗販売ならではの大きな付加価値なのです。

　私がこれを確信したのは、アパレル通販に従事していたときです。あるとき黒のロングコートが大ヒットしたことがありました。その写真はモデルが夜の街を歩く姿を、振り向きざまに撮った、すごく格好いい写真でした。夜に黒いコートですからよく見えないうえに、顔はこちら向きですが肝心なコートの前デザインは全くわからない、これでは売れないだろう、と思いました。
　しかし結果は全く逆で、すごい売れ行きを記録したのです。
　そこで私は無店舗販売で全く違った価値が求められている、ということを初めて実感しました。実物を見られないデメリットを補完することも必須なのですが、それ以上に無店舗ならではの付加価値である「想像力を刺激する」ことの方がはるかに重要です。
　それこそ無店舗の販売力だと言うことができるでしょう。

18 客数を上げるためには どうすればよいか

数式

コンバージョン率 ＝

購入客数 ／ 訪問者数

販売力の構成要素のひとつである客数は「訪問者数×コンバージョン率」に分解できます。実店舗でも無店舗でも、訪問者をいかに購入者に転換できるかが売上向上への大きなポイントになります。ただしこれは扱う商品がいわゆる日用品か買回品かで対応は違ってきます。ここではアパレルや化粧品などいわゆる買回品を想定しています。日用品の店舗、たとえばスーパーやコンビニ、ドラッグストアあるいは飲食店の場合などは、コンバージョン率がほぼ100%、見るだけで帰る人はほぼいないので、問題はむしろ入店率、すなわち前面通行量に対する訪問者数になります。

▶ 究極の販売力とは

　ではどのような販売力でコンバージョン率を改善すればよいかを見ていきましょう。

　新客に対しては、一歩引いた接客姿勢から始めることが適切です。ところがそうでないケースもあります。卓越した販売力を持っているスタッフであれば、新客でも1回目の壁を容易に飛び越えさせてしまうこともできるのです。

　私のいた企業でもそのようなトップクラスの販売力を持つ

第 5 章 販売力を伸ばすための数式 　　　165

スタッフがいました。一人のスタッフが新店の開店時にヘルプに入ったときのことです。すべての来店者が新規のはずですが、なぜか10年来の得意客のように話が弾んでいます。

あとから「お知り合い？」と聞くと「いいえ」との答え。一見さんともお得意さんのように接することができることにとても驚きました。当然それまでに多くのトレーニングや実践への尽力があってこその技術ですが、これこそが究極の販売力と言えるでしょう。

この場合は、接客に入る前に、来店に感謝する意を込めたご挨拶、という段階からすでに相手の懐に入り込めていけているのです。これができるとコンバージョン率は一気に上がります。

▌ 販売力の技術点と芸術点

少しでも販売力を上げるため、各社で各様のトレーニングや研修を行っています。また多くの企業やショッピングセンターなどでは、従業員を対象にした接客コンテストというイベントがあります。

私の所属した企業でも社内に接客コンテストがありました。全国の店舗から代表者が地域の大会を経て全国大会へと選抜され、最終的に一人の優勝者が選ばれる仕組みです。そのための努力は大変なもので、それゆえ大会の盛り上がりもすごいものがあり、感動的なイベントでした。

採点は、接客のマニュアルに基づいて多くのチェックポイントを設定してその結果を集計するのですが、毎回その集計値だけでは判断できない、ときにはその結果を覆すような評

価を得る参加者も少なくありませんでした。実際の販売力とは、あたかもフィギュアスケートのようにマニュアルに沿った「技術点」とそれを上回る「芸術点」の両方で評価されているのだと気づかされたのです。

本当の接客力、販売力とはこの芸術点の部分にあると思っています。先に述べた卓越した力を持つスタッフたちはすべて極めて高い芸術性を持っていました。通り一遍のセールストークもその人たちにかかると何か違う話のように感じられ、買い物が楽しくなってしまう。このような技術はまさに芸術と呼ぶにふさわしいと思っています。

▶ パンデミック前後の大きな変化

コロナ禍の2020年から21年にかけては、緊急事態宣言が出され店舗が何か月も休業を強いられるという事態がありました。この経験はその後の店舗とスタッフの在り方に大きな変化をもたらしました。

まず販売側では、毎日不特定多数の人と接触する販売業務が非常に危険と見なされ他の業務に移る人が増えたこと。消費者側では、今までネット通販を使ったことがなかった多くの人がその利用を経験しそれが普通になったこと。

また在宅勤務が普及し買い物も都心でなく身近で済ませるようになったこと。これらを前提として**販売側ではポスト・パンデミックの「ニューノーマル」に対応する動きを急がなければなりませんでした。**

ひとつは店舗とネットという販売チャネルの融合です。消

第5章 販売力を伸ばすための数式　　167

費者側が2つのチャネルを自由に使い分けるようになったなら、販売側も店舗だけでなくネットの世界も自分たちの領域と考えて対応するのが自然なことです。店舗で接客できない代わりにネットに販売スタッフが投稿したり、SNSを使って動画で接客をしたりといった動きは活発になりました。

　もうひとつは人手不足への対応です。接客力に頼らないセルフ販売が主体の業界では業務の自動化・省力化が進みました。接客力が重要な業態でもその一部をアプリやロボットで補う流れは出ていました。コーディネートを自動で提案する、アプリで肌診断をするなどです。

　しかし現実にはそれが決定打にはなっていない印象です。それは、実店舗での人によるリアルな接客という行為自体に価値がある、ということを表しているのだと思います。

　人手不足に加え賃金の上昇や労働環境の改善により企業は低賃金の労働力に頼ることがより難しくなっている中、人的な販売はどうなっていくべきなのでしょうか。

スタッフはアーティストになる

　私がパンデミック後の販売スタッフの究極の在り方として考えたのは、消費者が接客に対してお金を払うようになる、という状態です。

　5000円の商品を買うのではなく、5000円を払って特定のスタッフの接客を受けるために店に行き、おみやげに5000円相当の商品をもらって帰るという状態です。ここでは商品と接客という主客が完全に逆転するのです。

　現実的ではないように思えるかもしれませんが、これから

はモノを売るより体験を売る時代だ、店舗もそれに対応しなければいけないとはずいぶん前から言われていることです。

　しかし実際に体験を売る店舗や物を売らない店舗というのはあまり成功例を見ませんし、あったとしても採算に乗っているとは思えないことがほとんどです。一方で自動化が進む中、接客という行為はよりわかりやすく価値の高いものになってきているはずで、それを売ることを考えてもおかしくはないはずです。

　消費者は店舗に特定のスタッフに会いに来る。そうなるとスタッフはアーティストです。そして店舗はステージです。スタッフは歌やダンスの技量ではなく接客技術を磨き、身につけた芸術性を発揮し、多くのファンを引きつけます。

　このように考えると接客は今後ますます価値が高まると思えてきます。

　この説明をする際には私はよく音楽業界を例に取って話をしました。レコードやCDの時代は1曲に数百円を払っていたのがストリーミングならその金額でいつでも何万曲も聞くことができるようになりました。1曲の価値は大きく下がってしまったように見えます。

　それによって音楽は衰退したでしょうか。ライブの状況を見るとどうでしょう。チケットの高額転売をどうやって規制するかが大問題になるほどに、どんどん価値が上がっています。これと同じことが販売の現場で起こっても不思議ではない、ぜひ起こそうという趣旨です。

　これは物販に限った話ではなく、たとえば旅行商品を販売

する場合でも全く同じことが言えます。ネットの強みは欲し
いスペックで絞り込んだ検索ができること、類似商品の比較
ができること、クチコミで評価を見比べることができること
です。しかし大多数の消費者は、欲しい商品を絞り込んでお
らず、何かいいものがないかな、と思いながらショッピング
をしています。これはネット販売の苦手な状況です。そんな
消費者でも思わず飛びついてしまうような提案ができるなら、
そのような芸術的な販売力はビジネスチャンスを大きく広げ
られるでしょう。

古い話ですがファッション業界では1980年代のDCブー
ムではハウスマヌカンと呼ばれた販売スタッフが脚光をあび、
1990年代のマルキューブームではカリスマ店員がさながらア
イドルのような扱いをされていました。

過去にも販売スタッフそのものが商品価値を持ちそれを目
的に消費者が集まったことはありました。これからの時代で
再びそうなっても不思議はありません。

▌ 訪問者を増やすためには

コンバージョン率を伸ばすことと同時に、その母数として
の訪問者の絶対数を増やすことも忘れてはなりません。母数
が少なくてはいくらコンバージョン率を高めても客数は上が
らないからです。

**そのために重要な役割を果たすのがファサード、店舗正面の
デザインです**。ネットの場合はランディングページのデザイ
ンがそれにあたります。

店舗の場合はファサードのデザインはまず通行者から見て

170

目立つことが第一です。そうでないと入店につながりません。この要件を視認性と言います。門構え合めて全体で店舗の存在感をアピールし、同時に何を売っているのかをウインドーやモニター、什器での商品展示で知らせなければなりません。

しかし歩いている通行者にアピールして認識してもらうために与えられている時間は決して長くはありません。長くても2〜3秒です。さらに通行者からの距離も問題です。近くに寄って見てくれるわけではなく、少なくとも数メートル離れたところから見る前提で考えなければなりません。

したがって、メッセージもひとつに絞り、文字も含めて大きく見せるということが重要です。

さらに注意すべき点は、これらのメッセージをなるべく通行者の正面に配置することです。

店舗はだいたい通路の両側に配置されます。そこでファサードデザインを考えるとき、店舗に対して真正面から見た図で検討してはいけないのです。なぜなら通行者はわざわざ首を90度回してファサードを見てはくれないからです。

たとえよく訪れる商業施設であったとしても、用のない店がどこにあったか覚えている人は少ないと思います。言われると「あ、そんな店があったんだ」という感じで、普通は何回と通っても全く見えていないのです。

したがって、仕掛けはなるべく通行者の視線の先に設置するようにする必要があります。

通路があると普通、人は左側通行になります。店頭から見て常に通行者は向かって左から右に歩きます。この場合、店舗の奥に向かって左の壁面は歩いていて全く見えてきません

が、右の壁は視線に入りやすいのです。こういったところを設計に反映させて少しでも視認性を上げるような工夫をしておくことが必要です。

　アパレルの店では今一推しのコーディネートが目につくようにディスプレイされているはずです。一方化粧品の場合はアパレルと違って商品がとても小さく、さらに売るものは容器ではなく中身なので、現物の展示だけでは力不足です。そのため大型のモニターを使って動画で商品と使用感などをアピールすることが重要な手段となっています。

　そこからさらに遡ると、店舗の場所選びの重要性に行きつきます。施設内の設計からどうしても視認性の高い場所と低い場所ができてしまうからです。

　さらに、通行量の多い場所と少ない場所もできてきます。当然通行量が多くて視認性の高い場所がベストの選択です。マンションだと日当たりが良く眺めもいい部屋は家賃も高くなりますが、商業施設は不思議なことにどこでも賃料は同じです。

　この場所選びの段階で失敗すると、営業をマイナスからスタートするのと同じです。そのあとの施策でどんなに頑張っても取り戻すのは簡単ではありません。

　什器の配置も大切です。什器は現場で動かせるので、通行者の認知を上げるため正面の什器がどんどん前に出てくる傾向があります。

　その意識は悪いことではないのですが、通路の流れが速い場合などはそれによって什器の前に立って商品を見ることがかえって難しくなることもありますので注意が必要です。

ネットの場合はランディングページまで行きついてもらうのがとても大変です。ひとつのショッピングモールに日本中あるいは世界中のあらゆる店舗がすべて出店しているような状態だからです。

そんな中で目の前は通行者がほとんどいない状態ですから、ただ待っていてはどうにもなりません。検索や広告、SNSなど、自分たちで訪問者を呼んでくる道をお金をかけて作らなければなりません。

そしてやっとたどり着いてもらったランディングページ、これは非常に重要です。買いたい商品がすぐに見つかる、すぐに商品説明が見られて買う動機が高まる、そしてすぐに支払いに移れる、といった作り方が求められます。

ネットは買うものが決まっている人には便利ですが、決めていない人のウインドーショッピングへの対応は苦手です。その機能を高めたときにはさらに高いコンバージョン率を実現できるでしょう。

私は下にスクロールするという作業は、実店舗なら店の奥まで歩いて行ってもらうような作業。クリックして次のページに移る作業は実店舗なら階段で2階に上がってもらうような作業と表現していました。

実店舗ならそうならないように導線を作るのが当然ですが、サイトのデザインでも消費者の行動を躊躇させるような導線にしないことを十分注意しなければなりません。

第5章　販売力を伸ばすための数式　　173

19 客単価を上げるためには どうすればよいか

数式

セット率 ＝

客単価 ／ **商品単価**

販売力の構成要素である客単価は商品単価×セット率に分解できます。セット率とは一人の購入者に対して何品を販売できたかということを示します。この数値はコンバージョン率と並んで販売力を測る重要な要素のひとつです。1品だけで終われば数値は1.0です。それを販売力によって2.0以上を目指して高めていくのです。自動車は一度に複数買うことはまずあり得ませんが、実はその際さまざまなオプションが用意されていますし、保険の加入やローンの加入など、セット率を高める施策が次から次へと現れます。それには理由があったのです。

なぜ2品目を勧めるのが有効なのか

　訪問者にとっては、買うべき最初の一品を見つけることにはとても大きなエネルギーが必要です。品質はどうか、効果はどうか、好みに合うか、似合うか、持っているものと調和するか、価格はどうか、など数多くのポイントをクリアするものを求めて検討を繰り返します。

　ところがそれをクリアしてひとたび買うものが決まってしまうと、このストレスから解放されて途端に気持ちが大きくなります。2品目の購買への壁は1品目よりもはるかに低く

なっているのです。そして買い物ができた満足感とともにまだ買い物をする高揚感は続いています。

　もし日を改めて次の商品を勧めるとしたら、それは再び1品目の壁を突破するための「苦行」が訪問者にも販売者にも訪れるのです。それが2回目の大きな壁です。ならばその場で次の商品も買ってしまった方がお互いにメリットはあるはずです。

　前に説明したロスリーダーという安い目玉商品による施策もその心理を利用しています。低単価の特価品をチラシの冒頭に載せる、そして入口に山積みすることによって、まず一品の購入を決めてもらうことで、次の商材を買いやすくしているのです。

▌関連販売で大事なこと

　セット率を上げるための施策は関連販売、クロスセリングとも言われます。アップセルという場合はより高い商品に誘導する意味がありますが、ここでは触れません。

　関連販売には商品配置と接客の両面で準備が必要です。商品配置ではまず中心となる商品を決め、それと関連販売できる商材を近くに配置することが重要です。

　店頭では常に接客できるとは限らないので、セルフで見ても関連販売につながるような配置をしておくこと。セルフ販売が前提のスーパーではひとつのメニューを作るために必要な具材や調味料はすぐ近くにあって一緒に買うのに便利なようになっている、そのイメージです。

次に接客面です。訪問者がある商品の購入を決めた場合を想定し、それと関連する商品としてどれをどのように紹介するかをあらかじめ決めて準備をしておくことです。アパレルならTシャツが決まればそれに合うボトムスはどうか、上に羽織るものはどうか、という具合です。

　ここで重要なのは、機械的な紹介にならないようにすることです。いかにも「こういうときにはこう言いましょうと教育されたのだろう」という紹介では次の一品に食指は動きません。

　先のスーパーの例でも、なぜお勧めメニューの具材をまとめて見せるかと言えば、そもそも消費者がスーパーに来る理由が、「今晩のおかずは何にしようか」という課題を解決することだからです。それを単に「商品を買いに来る」と考えてしまっていては、有効な関連販売をすることはできないでしょう。

　言い換えれば、どんな要望を叶えるために来店するのか、どんな悩みを解決するために来店するのか、というところを探り出すことが、販売の重要なポイントだということです。

　ただしこの要望やお悩みを探り出す、というのはそんなに簡単なことではありません。こちらを信頼して心を開いてもらわなければできないからです。

　スタッフが信頼に足ると思わなければ消費者は自分で探して選ぶでしょう。でも本来はそれ以上の情報、プロとしてのアドバイスを求めているのです。

　ネット販売ではレコメンドがまさにセット率を上げるための施策です。顧客情報と購入情報が積み上がっていくほど精

度の高いレコメンドが可能になるはずです。

　ゴールとしては、消費者の要望やお悩みを理解してプロの
アドバイスとしてのレコメンドを行えるようになることです。
AIも駆使しながら現実のプロ以上のスキルを身につけること
を目指すことで、ネット販売にはこれからまだまだ大きな可
能性が広がっています。

要望を引き出すための接客

　ただし現状ではネットの自動レコメンド機能はまだ人の接
客には及びません。

　この人ならと信頼できるほどの関係性を作っていくために
は、業務的で理性的な会話だけではどうしても不足です。雑
談したり笑い合ったりといった感情的なつながりができて、
初めて人間同士の信頼関係というものができてくるからです。

　この「感情的なつながり」ができなければ、ブランドのス
トーリーを伝えることができず、ブランド・ロイヤルティの
高い既存客になってもらうこともできないのです。

　卓越した販売スタッフというのは例外なくこの能力を備え
ています。だから初めて会った人に対してもすぐに常連客に
するような接客ができるのです。

　情報は日々増えていきます。いつでもどこでも必要な情報
を求めれば山ほど出てきます。ネットがない時代を考えると、
情報がなかなか手に入らないというストレスはなくなりまし
た。しかし今度は情報が多すぎてどれを選べばよいかわから
ないというストレスから、面倒になって選ぶのをやめてしま
うということが増えてきています。

第**5**章　販売力を伸ばすための数式　　　177

一方で店舗はどんどん自動化が進みスタッフが減っています。そのため、販売スタッフのプロとしての知見と接客技術はネットが発達するほどますます価値が高まるはずです。

　販売スタッフの価値が高まるなら、それに見合った処遇を受けられるようにすることは必須です。日本では売り手と買い手は対等ではなく、売り手は質の高いおもてなしの心を持った接客を無償で提供するのが当然という風潮があります。

　これでは販売スタッフは提供する価値に対してはるかに低い報奨しか受け取っていないことになります。これから先、販売力の価値が再認識され、販売スタッフが夢のある職種になっていくことを強く願います。

20 集客力を数値化して売上を予測する

数式

集客力 =

立地 × 場所 × 視認性

販売力について主に接客の面から話をしてきましたが、それ以前に売上に大きな影響を及ぼすのがロケーションです。さらに言うとロケーションの持つ集客力です。それには商業施設自体を示す立地、商業施設内の店舗の場所、そして主要な客導線から店舗がどれだけ見えるかという視認性の3つがあります。またこの3つが足し算でなく掛け算であることも重要なポイントです。どれかひとつが欠けていたら、後から取り戻しようがなくなってしまうので細心の注意が必要です。

▌立地の集客力

まず立地自体の集客力を見ます。商業施設内店舗の場合はその施設の商圏人口です。どれだけ多くの消費者を集客の対象としているのかということです。これは売上規模と比例すると考えてよいので、個店の売上予測の基礎にもなります。

食品などの日用品は毎日の買い物で利用するので必要な商圏人口は比較的小規模でも十分な売上が期待できます。たとえばコンビニならば1万人、大型スーパーで10万人などという具合に必要な商圏人口が業態によって決まってきます。期待する売上が大きくなるほど必要な商圏人口も増えます。

第5章 販売力を伸ばすための数式　179

また商品価格が高くなるほど対象消費者の割合が減っていきますから、必要な商圏人口も増えていきます。

　コンビニやスーパー、ドラッグストアなどの日用品を扱う店舗は基本的に同じメーカーのいわゆるナショナルブランドを扱っているので、他店とは純粋に競合関係となります。

　同じ商圏内に競合他社の店舗があると、どうしても値引き競争となりがちで収益性は下がります。そこでスーパーではドミナント戦略、隣接する商圏に次々に自店を出店するという方策を取り、他店の同一商圏への参入のハードルを上げて自社商圏を守っていきます。

　路面店が多いドラッグストアやファストフードでは駅前などでより集客力の高い立地をいかに確保するか、ということに尽力をします。

　これらの業態では前面通行量がそのまま売上に直結するので販売力の中では立地が最も重要だからです。より良い場所に競合の店舗があるなら企業ごと買収してしまうことも含めて考えるほど立地が重要な業態でもあります。

　これらの業態では店舗数は飽和状態とも言えるまで増えており、立地をめぐる競合も一段と激しさを増しています。そこで各社はそれによる収益の低下を防ぐためプライベートブランドの導入に力を入れています。それによりナショナルブランドの価格競争以外での競争力を高める意図が見て取れます。

　ファッションなどのいわゆる買回品の場合は基本的にどうしても今日ないと困るという商品ではないので、消費者はいくつかの店舗を見て比較して満足するものがあったときに購

入するという特性があります。また自社のプライベートブランドを扱うことが多くなります。

この場合は購入頻度が日用品と比べて低いため、今日必要な売上を確保するためにはより多くの商圏人口が必要になります。また価格帯が高いほど人口に対して対象者の比率は下がるので、より多くの商圏人口が必要になります。

そのため同じ商業施設でも、近隣型と言われるタイプのショッピングモールでは商圏人口が10万人以下で日用品や低価格のファッションが中心。

一方、30万人以上でときには100万人規模の商圏人口を持つ広域型のショッピングモールでは高価なブランドショップなどでもビジネスが成立する規模になります。自社の商品分類と価格帯に応じて**「適切な商圏人口＝売上規模」**を持つ立地を選択することがまずは非常に重要なことなのです。

もうひとつ、買回品の場合の特徴としては競合他社が複数いた方がいいということが挙げられます。これは日用品と違って買回品ならではの条件で、いろいろ比較したいという消費者のニーズに応えられる立地であることが集客力につながるのです。

いつもよく比較されるブランドがあるなら、一緒に出た方が立地の集客力を上げることについてはプラスになるのです。

▌ ネットの立地

ネットの場合は場所としては、大手ECモールへの出店、業界ごとの専門モールへの出店と自社サイトの独自運営の大きく分けて3択になっているのが現状です。

大手モールは楽天、アマゾン、ヤフーが3強です。専門モールはファッションのZOZOや化粧品のアットコスメといった専門分野のブランドを集めたモールや、百貨店やヨドバシカメラなど商業施設・大型専門店が運営するモールなどがあります。

集客力で言えば圧倒的に大手モールに分があります。リアルの商業世界では銀座4丁目交差点がひとつの中心地だとすると、バーチャルの世界ではその銀座4丁目にあたる交差点の各コーナーに楽天、アマゾン、ヤフーが立ち並んでいるイメージです。

出店に際しては費用がかかりますがその分安定して大きな集客が期待できます。その界隈に専門店ビルのように並ぶのが専門分野のモールであり、そちらにも一定の集客があります。量的には少なくても自社商品に興味のある人を集客できる利点があります。

一方、自社サイトはといえばそこからはずれた人通りのない裏道にあるようなもので、そのままではほとんど集客力がないところに存在しているのです。出店のコストはかかりませんが、その代わり集客のためには自ら大きな広告宣伝費をかけることが必須です。

場所の集客力

商業施設としての立地の集客力が確定したら、次はその中でどの場所に出店するかが次のポイントです。 これによりまた集客力が大きく変わってきます。

施設の形状に合わせて、消費者がどこをどう歩くかが自然

と決まってきます。人が歩くところは誰もが歩きますが、一方で誰も歩かないところも出てきてしまいます。誰でもなるべく無駄な動きはしたくないからです。これが客導線です。

あえてわかりづらい導線で何度来ても新たな宝探しのような楽しさを、という店作りもありますが、商業施設ではそれは誰も行かない死角を作ることになり、限定された導線上の場所だけしか機能せず全体の売上が下がるだけです。そして一度できた導線は簡単には変わりません。

平面だけでなく上下階への導線も重要です。多層階の場合入口のある階が一般的に最も集客力は高いですが、各階の面積が狭い場合は上下階に移動する導線が強く、各階ではそれほど差が出ないケースもあります。どこが集客力の強い場所かをよく見ることが大切です。

例外は目的買いの商品を扱う店舗です。クリニックや保険、不動産など、ふらっと歩いて探すのではなく明確な目的があって事前に場所を確認して行くような業種の場合は、通行量の少ない場所でも集客することは可能です。目的品ではない日用品や買回品の場合に場所の集客力を見極めることは非常に重要です。

視認性による集客力

立地と場所をクリアしても、さらに視認性を考える必要があります。人通りは多いのに誰も店の存在に気づいてくれない、ということが起こり得るからです。それは視認性の問題です。

店舗はファサードのデザインでまず通行者から見て目立つ

ようにすることが第一です。歩きながらの通行者に瞬間的に
自店と商品を認識してもらうことが必要になってきます。

　これは平面の図面上ではなかなか判断できません。現地の
人の流れを十分研究して視認性をどう高めるかを考えること。
これこそが店舗の設計をするうえで一番重要なことなのです。

　私自身も長い経験の中で店舗を作ったあとで実際の流れを
見て初めて視認性に問題があったと気づくことも多々ありま
した。近年はそれを避けるために設計も 3D ソフトを使って
徹底的に視認性をチェックするようにしていました。それく
らい難しいものです。ここが店舗の集客力で売上を作るため
の最終チェックポイントです。

　ネットの場合は簡単ではありません。恒久的に視認性の高
い立地というのはなく、常に視認性を上げるためには何らか
の施策を講じ続ける必要があるからです。

　モール内外の広告の他に検索やランキング、レコメンドに
上がってくるようにするための施策です。そのためには多く
の場合に追加の費用もかかります。しかしそれによって初め
てモールの集客力を生かすことができるようになるのです。

▌集客のコスト

　集客というとすぐ広告宣伝などメディアによる施策を思い
浮かべるかもしれません。メディアは広域で多くの人にリー
チできますが、リーチを大きくするほど費用も莫大になり効
率も落ちます。

　それに代わるまたは補完するものが立地による集客です。で
すから商業施設の賃料や EC モールへの出店料は集客のため

の費用だと考えられます。さらに商業施設の場合、場所の良し悪しによる賃料の差がないことが多いので、より良い場所を選ぶことは損益的にもとても重要です。

21 チャネルを増やして LTVを上げるには

数式

オムニチャネル効果 =

オムニチャネルLTV / **単チャネルLTV**

オムニチャネル化というのは販売チャネルを複数持ち、複数チャネルで購入する既存客を増やすことです。そこには単に新たな販路を増やして売上機会を増やすだけではない意義があります。複数チャネルで購入する既存客は単一チャネルで購入する場合と比べて購入総額、LTVが大幅に増えるということです。また追加チャネルでは最初から既存客の購入が見込め新客コストが削減できます。売上が増えさらに費用も効率化できる、という大きなメリットが見込めるのです。

なぜ LTV が増えるのか？

オムニチャネルと言われる以前、マルチチャネルと言われていた頃からその意義はLTVの増加ということがはっきり示されていました。

私の関わった企業の一つは早くからマルチチャネル化に取り組んでいたいわば先駆者でした。1994年当時、すでに店舗とカタログ販売を同時にスタートさせ、さらに驚くべきことにはすべての店舗にはカタログオーダーデスクというものが設置されていました。

これは店内のブースにカタログと電話機が設置され、受話

器を取るとカタログのコールセンターに直結してオーダーが可能、というものでした。数年後にはネット販売も開始し、その際は店舗にPCを置いてオーダーできるようにしました。

　実際には店舗からのオーダーがそれほど大きかったわけではありませんが、来店者に通販チャネルの存在をアピールするには十分でした。

　結果的には全国一斉にスタートできるカタログ通販が先に成長し、その認知度と顧客データをベースにして店舗が全国への展開を順調に進めることができ、オムニチャネルの効果を十分に享受できたのです。

　オムニチャネル化するとなぜLTVが増えるのか。まずは単純に接触機会を増やすことができることが挙げられます。たまに会う人より毎日会う人の方が親しくなるのは自然です。

　週末に都心の店に行っていたのが最寄り駅に店ができたら平日でも行けるようになる、それがネットで買えるなら毎日何時でも利用できます。どれかひとつだと忘れてしまうことがあっても、これだけ生活に密着したところで接触機会があれば、販売機会も増えてきて当然です。接触機会の増加はブランド・ロイヤルティの増加にもつながります。

　さらに、各チャネルの特長を最大限に生かせることも重要です。店舗とネットを考えてみましょう。ネットだけの既存客が店舗を使うようになったら、ネットではできなかった感情に訴える接客を受けられます。

　それによってネットでは味わえなかったブランドとの感情的な結びつきができ、ロイヤルティが向上、その結果ネットでもより多くの購入をすることになったとしても不思議はあ

りません。

　逆に店舗だけの既存客がネットを使うようになった場合、今まで店舗で買っていたものがネットで簡単に買えるとなると、消耗品の場合は特に買い忘れがなくなりさらに定期便を利用するなど利便性が増します。それが購買金額の増加につながることは容易に想像できます。

　ただし、各チャネルだけを見ると、オムニチャネル化によって減少することはあり得ます。いくらかの購入が他のチャネルにシフトしてしまうことは当然起こり得るのです。しかし全体で見ればそれ以上のメリットがある、という視点で考えることが必要です。

　現実問題としては、店舗でせっかく接客したのに「ではネットで買います」で終わってしまい全く売上にならなかった、という不満は必ず起こります。

　個人売上が評価につながっている場合などはそれこそ死活問題です。そこは最大限に配慮して、結果的にネットで売上が上がったらその分は接客した個人と店舗の成果にカウントする、などの仕組みを作っておくことが必要です。やめてしまう選択肢はありません。

▶ 店舗からネットの場合のメリット

　店舗から始めた企業がネットに進出する場合を考えてみましょう。ネット販売の立ち上げで最も苦労するのは一から始める新客獲得です。そのためには膨大な広告宣伝費が必要です。ところが最初に店舗網を持っていると、店舗の顧客デー

タを無料でネットに使用できる。

　それは間違いなく最も購入可能性が高く費用効率が抜群に高い新客獲得の方法になります。そのため事業単体で見るとネット販売の採算は驚くほど良く見えます。しかしそのからくりは、実は店舗が賃料という形で集客コストを負担している結果なのです。

ネットから店舗の場合

　逆にネット中心の企業が店舗に進出する場合はどうでしょう。ネット通販では新客獲得の費用が最重要の課題と言えますが、成長するにつれてその効率が落ちることが起こります。同じ広告費をかけても獲得できる新客が減っていくのです。当初新客獲得に有効だったメディアが、だんだん反応するのは既存客ばかり、という状態になっていくのです。

　新たなメディアを試しても打開策にはなかなかなりません。これは店舗販売でも同じことが起こるのですが、ネット販売の市場自体が成長しているとはいえ、まだまだ店舗販売の規模から見れば一桁少ない、ということも大きな原因です。今はまだ限界値に達するのが早いのです。

　そこで店舗への進出です。店舗の場合は出店で新客が獲得できます。出店先さえ間違わなければ賃料に見合った新客が獲得できます。

　店舗数を出せばそれだけ新客数が純増します。これがそのままネットへの新客候補となるのです。一方、出店初期に販売を軌道に乗せるにはネットですでに全国に持つ顧客データが大きく貢献します。両チャネルの相乗効果を発揮させるこ

とでさらなる成長が実現できるのです。

実践のハードル

　オムニチャネル化を進めるには、どんなことに気をつける
べきでしょうか。

　まず、新たなチャネルを開発するということは、リスクを
伴う初期投資をするということです。そして将来追加の投資
も必要になります。すなわちこれは投資案件に他ならないの
です。

　店舗もネットシステムも固定資産に計上するような経費、
すなわち投資ですから、一度出店をすると数年はそれに縛ら
れることになります。ダメだったからといって単年でご破算
にはできないのです。

　そこで重要なのは目的の明確化です。どういうメリットがあ
るからやるのかをまずはっきり認識することが大切です。

　次に、投資の上限金額と撤退条件を決めておくこと。やり
始めたから、という理由で続けることが目的になってしまっ
てさらに投資がかさんでいくことだけは避けなければなりま
せん。こう言うととても保守的に聞こえますが、目的さえは
っきりしていれば、あとは実践論の問題です。

　実践に関しては2つのハードルがあると思っています。ひ
とつは新しいチャネルについての知見をどうやって得るか。2
つ目は具体的に既存客の融合をどう進めるか、です。

　既存のチャネルの担当者に新たなチャネルの知見がないの
はもちろんですが、ブランドも売る商品も同じですから、今

までに得た強みをどう生かすか、を中心に据えて戦略を練ればよいのです。そのうえで必要な専門知識を外部から得るという形が好ましいでしょう。

店舗を始める場合は特に立地の選定を間違えないことと、建築に余計な費用をかけないことがポイントです。この意思決定だけは社内のリソースでしっかりできるようにしておくべきです。

ネットを始める場合にITの専門家に頼りがちですが、自分でプログラムを一から作ることはないし、デジタルメディアもトラディショナルメディアも発注は代理店経由なのだからノウハウはそこから得られます。

むしろ肝心なのは商売のセンスです。ITはわかるがモノを売ることには興味がない、という人が担当してモノが売れるわけがありません。ここは要注意です。

2つ目は顧客データベースの融合です。オムニチャネル化は顧客を作ることが目的ですから、データベースは共通、そしてさまざまなリテンション率を高める施策も全チャネルで整合性のあるものにして、顧客から見てメリットを感じてもらうことが大前提です。

現実には店舗とネットが最初ばらばらでスタートしてしまった、データベースも施策もそれぞれ独自、ということもあるかと思います。その場合最も苦労するのはそれぞれが持つ顧客データベースを統合する作業です。しかしここは避けては通れません。最初から共通データベースにしておくことができれば何よりです。

リテンション率を高める施策、たとえば購入金額に応じた

ポイント率などの施策も、新たなチャネルを作ると同時に共通のものにしておくことが理想です。

　ただこれも新規チャネルのチームが独自で考えることになってしまいがちです。それでは本来の目的、オムニチャネル化の持つメリットを最大限に発揮できません。顧客データベースを見る担当者は全チャネル統合して考えるような組織にしておくことが、実践段階ではどうしても必要だと言えます。

　特定のチャネルを強化するためにWEB限定とか店舗限定など独自の施策をアピールしたくなることもあります。しかしこれはあまり効果がないばかりか不信感を与えてしまいます。

　顧客は利便性でチャネルを使い分けているのであって、どちらかに呼び込もうというのは売り手の身勝手です。あくまで公平にそれぞれのチャネルの利便性を生かした形でアピールすることが求められます。

第 **6** 章

利益を最大化する
ための数式

いよいよ最後の段階である「利益最大化」まで来ました。

ここでは重要な3つの数式をもとに説明していきます。

ブランドを創り、その付加価値を最大化するよう売上を拡

大し、その最後の仕上げです。この成果は実は見えにくい

もので、意識していないといつの間にか消えてしまいます。

大事な成果をどうやって守るか、この仕組みをしっかり考

えていきましょう。

22 粗利益を阻害する 3つの敵

数式

粗利益減少 =
値引 + 割引 + 在庫処分損

営業利益を最大化するには粗利益を最大化することがポイントです。では粗利益を伸ばすにはどうすればよいか。それには逆に何が粗利益を阻害するか、を考えるとわかりやすいです。その要因として「粗利益を阻害する3つの敵」を表したのがこの数式です。「ブランド価値を阻害する3つの敵」と言い換えることもできます。

▶ 粗利益を追求する理由

もし「営業利益＝売上高－諸経費」と考えているとどうなのか。営業利益を増やすには諸経費を削減するしか道がないように感じてしまうのではないでしょうか。

売上高が下がったときに営業利益を確保するにはどうするか。まず経費を削減しようとすることは当然ですが、実は策はそれだけではありません。**粗利益を伸ばすという手があるのです**。

そうは言っても日々販売が続いている中で粗利益を伸ばす方法など簡単には見つからない、と感じるかもしれません。しかし値引・割引を抑制するだけで粗利益は改善するのです。

現実には売上が不振になると値引きして販売数を伸ばすこ

とが当然のように行われています。もちろん在庫の適正化という意味で間違いではありません。問題はそれが最終的に粗利益にどう作用するのかを見極めているかどうかなのです。

商品原価と諸経費の違い

商品原価以外の諸経費を一切かけずに販売することは通常ありませんが、不可能ではありません。その場合でも商品原価だけは発生が絶対に避けられません。

売上の発生に伴って必ず出る変動費を引いた利益を限界利益と言いますが、粗利益は究極の限界利益と言えます。粗利益をスタート地点として、さまざまな経費を差し引きしたのちゴール地点の営業利益に至ると言えるのです。

言い方を変えると、粗利益から営業利益を引いた額の中ですべての経費をコントロールできれば、営業利益目標は必ず達成できるのです。

営業利益と粗利益の関係

営業利益率も粗利益率も企業によって差があります。しかし個々の企業の違いというより、業界によって大きく状況は違います。また同じ業界なら業態によっての違いが明確で大きいと思われます。

同じ業界でも川上から川下までの間で、どこまでのリスクを取るか、という業態による違いです。わかりやすく大きく商品開発、製造、在庫管理、販売に分けて考えてみましょう。

どこまでリスクを持つ業態なのかで利益率は違ってきます。

第**6**章　利益を最大化するための数式　　195

当然多くのリスクを持つ方が多くの利益がないと費用を賄えないので、もともとの粗利益率が高くなります。販売だけ、製造だけ、を担う業態であれば、当然商品開発から販売まですべてを担う業態に比べれば粗利益率は高くできません。

それに加えて個々の企業が持つ排他性、独自性といった競争優位の力で顧客満足すなわちブランド価値を高めることにより粗利益率はさらに高くできるのです。

営業利益率の高低は当然ながら粗利益率の高低によって大きく左右されます。リスクを多く取り競争優位で粗利益率の高い企業は、そうでない企業より最終的な営業利益率も高くなります。

基本的に粗利益率の低い業態の場合は、まず諸経費の効率化によって営業利益を高めることを追求します。他社と同じメーカー品、いわゆるナショナルブランド（NB）を仕入れて販売する家電量販店やドラッグストア、スーパーなどがそれにあたります。

しかし経費効率化だけでは限界があります。どうにかして粗利益率を増やす方法はないか、これを考えることは避けて通れない道です。その答えのひとつとして、多店舗化して売上額を増やし、メーカーに対する価格交渉力を上げることにより仕入額を引き下げることが挙げられます。

多店舗化も一巡すると次は同業他社のM&Aによる拡大です。先に挙げた業界では、少なからずこの流れで再編が行われていますが、これも粗利益率向上のための施策なのです。

もうひとつ、近年規模拡大と並行してよく見かけるのが、

プライベートブランド（PB）の導入です。ナショナルブランドでは各メーカーが研究開発や広告宣伝に多額の投資を行っていて、それがコストに上乗せされています。PBを作ることでそれらのコストを省いた価格で委託生産を行うことができるため、粗利益率を向上させることができるのです。

著名で実績のあるNBに対抗して売るためには、当初の定価は低めにつけざるを得ません。それでも限られた粗利益からさらに競争のため値引をしてNBを売るよりもはるかに計画的に粗利益率を向上させることが可能になります。

しかも製品のレベルを上げることで消費者に受け入れられれば、定価設定を上げることも可能となり、粗利益拡大への前向きなサイクルが動き出すのです。

工業製品の場合は外部工場に生産を委託してOEM生産してもらう方法が主流です。生鮮食品では生産者、収穫者との直接取引などが必要になります。

さらに踏み込んで自社農園など直接生産のリスクまで取り込む場合もあります。リスクを拡大してでも粗利益率の向上を図ることが経営上最重要な課題だ、ということがわかる事例です。

ただしこのPBは相当の販売量がないと価格メリットは出せません。そうでない場合は粗利益を高める方法はないのか、といえばそんなことはありません。粗利益を伸ばすと言うと抽象的に聞こえるなら、どうやって「高く売る」か、どうやって「無駄なく売る」かを考える、と言い換えましょう。

高く売るためにはサービスを強化すること、無駄なく売るには需要予測を精緻にすることが考えられます。たとえばダイナミック・プライシングと呼ばれる繁閑によって定価を変

動する方法もそのひとつです。

　これなら無形の商材でも無店舗販売でも活用できます。ど
れも実現するには費用と労力が必要ですが、それこそが革新
というものです。

粗利益はどうやって管理すればいいのか

　在庫が少なくても機会損失を生み、多すぎても在庫処分損
で粗利益が下がる。その間で在庫を調整するための値引・割
引でも粗利益が下がる。まさに八方ふさがりのような状態で
す。

　しかしよく見てみるとこれらはすべて在庫管理の問題だと
わかります。適切な需要予測に基づき入庫時期と数量を管理
し、適切な時期に必要最低限の値引・割引を行い、迅速に在
庫処分を行い、その実績データを次の管理精度の向上に生か
す、ということをやっていくことで計画通りの粗利益を確保
することができるのです。

粗利益と売上・在庫を一元管理する方法があった

　一般的には商品を企画する人が売上予測をして、別の人が
値引・割引を企画し、また別の人が在庫処分をする、という
仕組みになっていることも多いかと思います。

　また機会損失というのは数字として捉えるのが難しく、少
なくともPOSでは出てきませんから認識するのも難しいで
しょう。

　また在庫処分損も期末に経理的に計上されるものなので、

売上・粗利益・在庫の一元管理

	科目	当月	翌月	翌々月
A	月初在庫	5,000	5,000	5,000
B	当月入庫	3,000	3,000	3,000
C	総売上	3,000	3,000	3,000
D	値引・割引	500	500	500
E	純売上 (C−D)	2,500	2,500	2,500
F	在庫移管	0	0	5,000
G	月末在庫 (A+B−C−F)	5,000	5,000	0
H	マークアップ率 (定価比)	50%	50%	50%
J	粗利益 (C×H−D)	1,000	1,000	1,000
K	在庫処分損 (F×5%)	0	0	250
L	部門利益 (J−K)	1,000	1,000	750

第**6**章　利益を最大化するための数式　　199

普段実務をやっていて正確に認識することもまた難しいでしょう。誰かがこのすべてを見て一手に管理してくれたらと思ってしまいます。

　私が従事した企業のひとつではそれを一手に行う手法が確立されていました。同社で商品管理の方法として行っていたのが、売上・粗利益・在庫の一元管理です。ひとつの表で3つの指標を管理する方法です。売上と同時に粗利益がどうなのかが一目でわかる仕組みです。さらに大きな特徴は、最終目標が売上ではなく粗利益だということでした。

　表のように毎月の動きを売上指標に加えて、利益指標とさらには在庫指標までひとつの表で管理します。ポイントは在庫を定価ベースで管理するところです。

　在庫指標は月初在庫に当月入庫を加え、総売上（値引前定価ベース）を引きさらに当月の移管在庫を引いて月末在庫を出します。利益指標は総売上に対するマークアップから値引・割引を引いたもので粗利益を出し、さらに在庫移管分から一定率の処分損を引いて部門の最終利益とします。

　これにより売上・利益・在庫すべてを一元管理し誰もが毎月状況をチェック出来、先の対策も立てることができます。

　計画は月ごとで、各月には予算・実績・前年を併記していました。それを年度で集計します。合計を見れば年間の仕入額がわかり、定価ベースなので、売上の何か月分を仕入れる計画なのか、そして各月で何か月分の在庫を持っているか、それが計画比で多いか少ないかが一目瞭然です。

　それゆえ、今の状況に基づいて値引を変動させたり、先の仕入れを調整したりといった施策も立てやすくなります。

これを使い始めてから、私の業績管理の考え方は全く変わりました。それまで売上だけを見ていたものが、粗利益を中心に考えるようになったのです。

毎月の粗利益率は1ポイントたりとも計画より下回ることは許されない、というのが命題になりました。粗利益さえ予算通りに出ていれば営業利益の目標は達成できるはず、という確信が生まれたのもここからです。

▶ マーチャントマージンとは？

そして最大の特徴はマーチャントマージンと呼ばれる部門の最終利益です。この場合の部門とは商品部門です。なぜなら原価を確定し定価を決めてマークアップに責任を持つのも、値引・割引を決めるのも商品部門だからです。さらには粗利益に最終的に影響する在庫の処分損も数字で把握できることもこの方法の優れたところです。

在庫はあらかじめ決められた販売期間が終了すると、別部署に移管されます。この販売期間も商品部門が決定しています。アウトレット部署があればそちらへ、またはディスカウンターへの販売を担当する部署であることもあるでしょう。

その際、すでに定価では販売できなくなっていますので、移管先の部署は元の仕入原価のままでは採算が立ちません。何かしら社内での割引・補填が必要です。

この補填額を在庫処分損として移管する月に計上するのです。そして、部門の最終的な利益は、当月の粗利益からさらに当月の在庫処分損を引いた額になるのです。この最終利益をマーチャントマージンと呼びます（本書でいう粗利益です）。

第6章 利益を最大化するための数式　　201

商品部門はこのように粗利益に関わるすべての意思決定を行っていて、その目標は部門利益に置かれ、部門利益を最大化するためにあらゆる施策を講じているのです。

　この管理方法は単に商品部門の指標ではなく、経営の中核として位置づけるべき手法だと考えていました。実際私はその後各社でこの手法を導入し、管理する技術と人材を育てることを何より優先して行ってきました。それが効率化・収益化に大きく貢献したことは言うまでもありません。

▶ 粗利益の番人が存在する

　この手法は他の多くのアメリカ小売企業でも同様に行われていました。このすべての意思決定を行うポジションは「プランナー」と呼ばれます。

　実際の商品を企画・選択するいわゆるバイヤーとは別の独立した存在です。この「プランナー」こそが「粗利益の番人」です。さるアメリカのファッションブランドの CEO から日本でプランナーを雇いたいが知らないかと打診されたこともありますが、残念ながら日本ではあまりポピュラーにはなっていません。

　しかし上記の手法は非常に有効な手法なので、ぜひ広がってほしいと思っています。

▶ 値引の粗利益への影響

　値引というのは粗利益を減らす主犯とも言える存在です。

もちろん売上促進のためにうまく使えばとても効率的な施策にもなります。

　ではどうやって効率的な使い方を判断するか。これも粗利益がどうなるかを検証する、ということに尽きます。値引をすれば、売上数量が増えることはほぼ間違いないでしょう。しかし売上高が増えるのか、そして粗利益がどうなるのかは慎重に検証し計画すべきです。

値引の売上・粗利益への影響（原価率30%）

売上高	値引率		
数量増加率	20%	30%	40%
10%	¥88,000	¥77,000	¥66,000
30%	¥104,000	¥91,000	¥78,000
50%	¥120,000	¥105,000	¥90,000

粗利額	値引率		
数量増加率	20%	30%	40%
10%	¥55,000	¥44,000	¥33,000
30%	¥65,000	¥52,000	¥39,000
50%	¥75,000	¥60,000	¥45,000

試しに単価1000円で100点売れている商品があるとします。原価率は300円とすれば売上は100000円、粗利益は70000円です。これを20%から40%値引きした場合、販売量がどれだけ伸びると現状の売上・粗利益を上回るか、見てみましょう（203ページ）。

　この例でわかるのは、値引率を超える数量の増加がないと定価で売っていたときの売上も粗利額も超えることができないということです。原価率が上がると利益面ではさらにシビアになります。

　対策としては、今の在庫数量とそれまでの売れ行きから必要な数量増の割合を求め、それに呼応する値引率を適用する、という決め方をすることです。

　セール期間になると集客が集中し商品数も膨大なので一律何%という値引をしがちですが、本来はSKUごとに在庫量によって違う値引を適用するのが合理的です。実店舗では消費者にもわかりにくいのでそこまでは現実的ではありませんが、ネット販売なら可能です。

　集客の繁閑によって価格を変えるダイナミック・プライシングの考え方もまさに同じです。よく状況の変化を見極めてシミュレーションをしたうえで、売上・粗利益ともに最大化できるような解を求めていくのです。

　粗利益最大化を目的として施策を講じていれば、「なんとなくセール前より売れたからよし」「セールだから値引しないと売れないから値引する」というような考え方はなくなるはずです。

　ここが利益志向の運営を根づかせるためには極めて重要な

ポイントです。いくら売れても儲からない、をなくすにはここが大きなポイントです。目標は売上でなく粗利益です。

割引の粗利益への影響

値引が価格そのものを引き下げてしまうのに対し、割引は価格を変えずに支払い金額を下げるものという違いがあります。

期間限定で10%オフや初回限定割引、早期予約への割引またカード会員のステイタスによる割引などさまざまなものがあります。これらはすべて値引きと同じくそのまま粗利益の減少となります。また販売時につけるいわゆるおまけ、GWP（Gift With Purchase）も最終的には割引または原価の一部として処理され粗利益を減らします。

先の例が期間や対象が限定的なのに対し、ポイント付与による割引というのはすべての取引について適用されます。そして実際割引されるのはポイント使用時なので販売時には割引しているという実感がありません。

しかしポイント付与率が1%ということは、常時全品1%引きで販売しているのと同じことで、粗利益率は1%以上下がります。これはとても大きなインパクトがあります。

実際に使われるポイントは付与されるポイントに対して100%ではありませんが、それでも販促施策として使い勝手がいいので、ポイントが増える期間を設定したり、ステイタスが上がると付与率が上がったりということをするとすぐに全体の割引率は上がってしまいます。

最終的な営業利益率をから考えると粗利益段階で1％下がる

第**6**章　利益を最大化するための数式　　　205

というのは非常に大きな打撃です。 ポイントが自社発行のクレジットカードとセットになっていたりして別途収益が確保されている場合は別ですが、そうでない場合は過剰なポイント競争は収益的には大きな課題です。

　割引は多岐にわたる販促施策として使われるため、ひとつの施策では微々たる影響でも、積もり積もって結局大きな割引になっていた、ということが起こり得ます。

　個々の施策立案時には全体像が見えないので、同じ時期に重複して割引が存在したりすることも多く、結局値引はしていないのに値引以上に割引率が高かったということも起こりがちなので、要注意です。

　下の表は原価率30％の商品を販売した場合の粗利益率を示しています。せっかく全品を定価で販売しているのに、ポイントとGWPをつけることで3割を値引販売したのと同じ粗利益率になってしまいます。

　値引はブランド価値を下げる、ということは感覚的に理解しやすいと思いますが、実際には割引も粗利益を下げるとい

値引、割引の粗利益への影響度

販売方法	粗利益率
全品定額販売	70％
7割定価販売、3割は30％値引販売	67％
全品定価、ポイント5％、GWP4％付加	67％

う意味では同じようにブランド価値を下げていることになるのです。

　GWP は総付景品だと景表法で取引価格の 20% まで認められていますので、その制限いっぱいに使った施策を行うとそれが仮に取引の 5% だけに適用されたとしても、全体では 1% 以上の粗利益率低下要因になってしまいます。

　販促企画を当該取引だけで考えるとこのような事態を招くので要注意です。

23 営業利益を高める 2つの道

数式

営業利益 ＝
粗利益 － 諸経費

ブランドを創出し、売上を拡大する。その先に目指すゴールが営業利益です。そのためにはまず粗利益を最大化することが必要です。しかし「営業利益＝売上－経費」と見てしまうと売上拡大と経費の削減にとらわれてここに気づくことができません。「営業利益＝粗利益－諸経費（商品原価を除く）」として考えることで、売上だけでなく利益に意識を向けることができるようになります。経費効率化とともに、粗利益最大化の道が見えてくるのです。

ブランド価値のために必要なもうひとつ

粗利益はマークアップからマークダウンを引いたもの、すなわちブランド価値そのものです。粗利益を高めるためにブランドを創り、商品、告知そして販売での満足度を追求してブランド・ロイヤルティを高め、さらにその粗利益を阻害する敵と戦っているわけです。

しかしそれだけでは実はまだ十分ではありません。大切なブランド価値である粗利益を最大化するためにはもうひとつ大事なことがあります。それは、今現在の状況を実際の数字として共有することです。

マークアップは取れているのか、値引や割引はどれくらい行われていてそれは適切な水準なのか、結果として粗利益はどうなっているのか、経費はどうなっているのか、そもそも計画との乖離はないのか、など、目標がはっきりすれば知りたいことはたくさん出てくるはずです。

　ここが意外と簡単ではないのです。アメーバ経営のように部署ごとに独立採算で結果を瞬時に共有できる仕組みを持っていれば理想ですがあまり多くはないでしょう。

　利益に関する数字はすべての経費を経理処理しないと出てこないので、通常の業務で欲しいときにすぐ見られないのが普通です。また何でも共有すると個人の報酬額まで知られてしまう、株式公開しているから数字は安易に出せない、そもそもあまり詳しく会社の状況を知らせたくない、などの理由での抵抗感も出てきます。

▶ 利益を周知することが第一歩

　だからと言って無理と決めつける必要もありません。粗利益なら取引のタイミングで、営業利益でも月次であれば把握することは可能なはずです。

　決算に必要な精緻な会計処理とは別に、営業上必要な管理会計として仕組みを作ることは可能なはずです。精緻な数字である必要はありません。いつでも同じ基準で計測されていれば、十分目的は果たせます。

　社内でまずどの数字を目標利益とするか、どこまでの経費をどのタイミングで取り込むか、などのルール作りをすればできることです。人が仕事をするうえで目標と今の立ち位置

第**6**章　利益を最大化するための数式　　209

が明確にわかるのとわからないのでは、パフォーマンスに大きな差が出ることは容易に想像できます。

まず利益の目標を社内に共有すること。これが継続的に利益体質の企業でいられるための第一歩といえるのです。

経費効率を上げるためには

次は**それぞれの経費の対売上効率を上げることです。そのためにまず必要なことは、損益計算書を頭に入れておくことです**。

そこでは経費の売上高に対する比率が必ず示されているからです。前回これだけ使ったから、とか前年度の予算がこうだったから、という基準で考えるのではなく今の売上高に対して妥当な割合なのかどうか、を検証することが大切です。

たとえ年間予算が決まっていてその通り経費を執行していたとしても、情勢は常に変化しています。絶対額でなく経費の売上比率を意識していれば売上の変動に柔軟に対応する動機が生まれてきます。

それぞれの経費の計画は実績ベースに増減するのではなく要否をゼロベースで計画することが望まれます。まずゼロにできないか、ダメなら半分にできないか、という検討から始めることです。経費予算を決めるとなると、どうしても前年実績以上の額を要求したくなるものです。しかし営業利益の状況が共有され、その最大化にどれだけ貢献できるかという動機を強く持てるようにすれば意識とともに行動も変わってくるはずです。

経費の中で比較的大きくて比較的柔軟に調整できるのが広

告宣伝費です。この経費は直接売上に影響しますし、施策は告知の顧客満足を通じてブランド価値を高めることに寄与します。その意味ではブランドを売上と利益に結びつけるということを最も体感しやすい経費と言えるかもしれません。

　その分より慎重な調整が必要になると言えます。ブランド価値を高め売上を拡大することに貢献できそうな策は次々に出てきます。この経費を削ると売上が立たない、という声も聞こえてきますが、多くの場合そんなことは起こりません。

　人件費もその割合が非常に大きい経費です。増やすのは簡単で、ましてや昨今は人件費の上昇圧力が高くなる一方です。半面減らすのは非常に難しく痛みも伴います。対応策としては単価を上げて数量を抑える、という方向だと考えます。

　仕事が回らないから補助する人を増やしてほしい、という要望は多いのですが、これは数量を増やして単価を下げるという全く逆の方向です。

　人が増えると仕事は増えるのです。人件費も売上高比率で決まっている以上人数を増やすということは決まったパイをより大勢で分けることになる、ということに気づかなければなりません。そうではなくて生産性を上げることを考えるべきです。生産性を上げ売上が上がることで人件費の売上高比率は同じでも一人当たりの報酬が増える、ということを目指すべきです。

　広告費、人件費と並ぶ大きな費用に、店舗設備やシステムなど有形無形の固定資産に対する減価償却費があります。これは毎年の売上に応じて変化させることができないので、初

期投資の段階が重要になります。

そこで償却期間の売上予測に応じリスクも織り込んだ上で投資額を決めることです。投資額が中途半端になりそうなら実施時期を延ばす、というくらいの慎重さが必要です。

▶ 投資的な経費の削減は短時間でやる

すべての経費はゼロベースで見直しが原則、と言いましたが、このような経費改善は毎月毎年継続的に行っていくものです。

ただし、経費の中には売上に直結するものがあります。先に挙げた広告費、人件費、そして減価償却費です。これらは複数年度にわたって売上に影響する、いわば投資的な費用です。そのため抑制すると損益改善効果は大きく出ますが、その後の成長力が犠牲になる恐れがあるのです。

したがってこれら投資的経費を抑制せざるを得ない場合は、それを一気に行い、なるべく早い時期に反転攻勢に出られるようにすべきです。でないとずるずると縮小均衡の道を進むことになってしまうので要注意です。

24 新規案件に どう取り組むか

数式

新規投資 =
既存利益 − 内部留保

最終目的地としての利益の最大化。しかしこれはあくまで会計年度の話で、実際の企業活動は止まらず進んでいきます。企業の継続的な成長のためには、利益を新規案件に再投資していくことが不可欠です。これをより具体的に表したのが「既存案件の利益」から「新規案件への投資」を捻出するという数式です。

▎新規案件と既存案件の関係

　新客と既存客はそれぞれ別々の施策を講じることが必要です。費用のかさむ新客獲得は既存客活性化の利益によって賄われます。両者がこのポジティブなサイクルで回っていくことが企業の成長には欠かせません。これは顧客だけでなくすべての新規案件にもあてはまります。

　その場合に起こりがちなのが、以下の2つのことです。

　ひとつは目立つ新規案件にばかり目が行って地味な既存案件への注力がおろそかになり、結果として収益性が下がること。もうひとつは既存案件が成功するとそれに安住して、効率の劣る新規案件に手が出せなくなることです。

　しかし新規と既存で分けるという見方をひとつ加えていることで、必要なことが具体的にイメージできます。

第6章 利益を最大化するための数式　　213

・新規商品の開発は既存の定番商品の利益から生み出す
・新規顧客獲得のための投資は既存客の利益から生み出す
・新規チャネル投資は既存チャネルの利益から生み出す

　このように考えることで、既存案件はその利益を高めることに集中でき、その利益を使って常に新規案件を行っていく、というポジティブなサイクルが出来上がります。
　この数式はパッと見は非常にわかりにくいかもしれませんが、図にすると明快です。

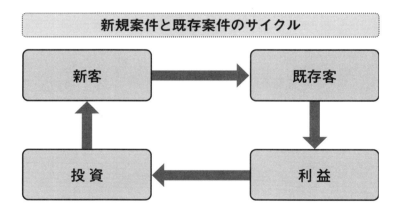

サイクルを阻害するもの

　既存案件でしっかり利益を出し、常に新規案件に挑戦する、というサイクルは理にかなっていることは明白です。しかし

現実には、先に述べた2つのことが起こりがちです。

新しいことにばかり目を向ける

　ひとつは現場が新しい案件にばかり興味が行って、既存案件への注力がおろそかになるということです。新しい商品を企画する方が、既存の商品を改良するより楽しいです。新しい顧客を獲得するためにいろいろ新しい広告や販促手段を試すのは、既存客への販促を進化させるよりも派手さがあり華やかです。

　例として既存で1店舗ある場合を考えると、既存店の売上を数％伸ばすのは至難の業ですが、新規店舗を1店出せば一気に売上は2倍に伸ばすことができるからです。新規商品開発や新規顧客開拓でも同じことが言えます。

　しかしこの見方は、すべての新規案件が最初から既存案件と同じだけの売上を実現できる、ということを前提としています。

　実際にはそんなことはありません。新規案件には常にリスクがあり、新規案件で既存案件と同じだけの利益を出す確率は低いのです。ですから新規案件にばかり目が行ってしまって既存案件をおろそかにしては、全体の利益率が低くなることは明らかです。

　新規案件には既存の利益の範囲で再投資するものだ、という考え方を徹底することが必要です。株主からは「もっと財務レバレッジを効かせてさらに大きな投資を」という声が聞こえてくるかもしれません。それも当然重要な戦略です。ただ日米では破綻から再生までの環境が違うのでやや慎重にな

第6章 利益を最大化するための数式　　　215

るのは避けられないと感じます。しかし内部留保を積み上げるだけではなく新規投資を「創り出す」という発想は持つべきです。

既存の成功体験を過信する

　もうひとつは全く逆のケースです。それは、既存案件の成功体験が強すぎて、新規案件への挑戦ができなくなる、という事態です。

　一度軌道に乗って何年も続けて利益を生み成長できるようになった企業は、必ずその成功要因を分析していわゆる成功パターン、すなわち中長期的に市場で勝ち続けることのできる勝利の方程式を持っています。

　既存のビジネスが非常にうまく回っているとき、全く別の方法を試すというのは非常に難しいことです。その必勝パターン確立の前には苦しい時期を経験している場合も多く、ようやくたどり着いた成功を前にして違うことを探すのには意義を見いだせないこともあるでしょう。

　実際に新規案件の計画を見てみても、採算的には既存案件に劣ることが多いでしょう。これを敢えてやろうという意思決定は難しくて当然です。否定する要素は山ほど出てきます。かくして新規案件は日の目を見ず葬られる運命になりがちです。

　私もかつてこういうことがありました。そこでは創業から数年苦しんだのち、ようやく「こうやって企画すれば売れる」というパターンをつかんだのです。それから売上は伸び利益

も伸びて累積損失は解消し高収益を実現しました。簡単に言うと、世界各国の事業会社で最も売れた商材を集めて企画をする、というやり方です。

日本での成功で各国でも同じパターンを採用し、大きな成果が出ました。ところがほどなくして問題が起こります。他国で成功した商品を売れば成果が出る、ということでどこの国も新規開発に力を入れなくなったのです。

そのためやがてこの成功パターンは機能しなくなりました。新規開発の重要さと取り組みの難しさなど多くのことを考えさせられた事例でした。

調子のいいときにこそ次への仕込みをすべき、というのはよく言われますが、言うは易し行うは難しです。なおこの罠には一度大きく成功した企業しか落ちません。

一時だけの一発屋で終わらないためには、新たな挑戦をマストとして考える、必ずやらなければならないものとして取り組むという考え方と仕組みが必要です。

▌ 顧客の高齢化問題

企業が長く成功を続けていくときに必ず起こる問題がいくつかあります。そのひとつが**「顧客の高齢化」**です。

苦労した創業期からなんとか勝ちパターンをつかんで急成長し、そこからは安定的に収益を上げられる企業となる。これは成功する企業の典型的な推移ですが、その安定している業績の中でも一か所にとどまらず確実に進行していくのが顧客の高齢化です。

企業としてもそれに気づいてこの先の成長のためには何か

第**6**章 利益を最大化するための数式　　　217

手を打とうとします。顧客の若返りを目指す、そのためにリブランドを行う、などはよく耳にする言葉です。

　しかしこれには大きなリスクも伴います。それによって既存客の離反を招く恐れがあるということです。そうなったら企業の屋台骨が揺らいでしまいますから絶対避けなければなりません。と言っているうちに施策が中途半端になりうまくいかない、ということが起こります。

　私もさまざまな企業で何度も直面しました。このように顧客の若返りは既存客が強力であるほどうまく計画できないのです。

　うまくいかない理由のひとつは、これを「顧客」の問題として捉え、どうやってアプローチするかというメディア論になりがちなところです。

　今まで既存のマスメディアや紙媒体に頼っていたのをネットやSNSでの発信に切り替えるというのがよくある方法です。これは新規顧客獲得の策として重要なアプローチではありますが、これだけでは解決しません。

　大事なのはまず新しい世代に合う、今の時代のニーズに対応することです。そのためには、新たな商品開発が一番重要なのです。ここで踏み切ることができるかどうかが試されます。

　しかし長期の成功体験は、今までの顧客が強く支持する要素こそがそのまま企業のあるいはブランドの強さだという思い込みを生みます。それを捨てることは自社ではない、ブランドではないと思ってしまうのです。

218

私もこの問題に直面したことがあります。10年というスパンで考えれば必ず起こると言ってもいいでしょう。しかし、ブランドというのは利益につながって価値が出るもの。世の中での支持が減ってきたなら、より売れる方向に変えていくことこそがブランドに必要なことなのです。

　簡単に言えば、ブランドにとって一番悪いのは売れなくなることです。売れなくなっても守っている要素は市場で価値がなくなってしまったもので、もはやブランドとは言えないのです。

　この思い込みを振り切ることが新規商品開発につながり新たな成長につながっていく道です。そう語り続けて利益を目指すことに集中していく中で少しずつ解決の糸口が見えてきたものです。とにかく時間と労力は半端なくかかりました。しかし世の中にはもっと大胆に変える例もあります。

▶ 新たに挑戦し続けるためには

　ファッションブランドは常に流行の先端にいることが求められます。人気が下火になってきたとき、よく行われるのが、チーフデザイナーの変更です。ブランドの価値を守るためにはそれまで一番ブランドに貢献してきたであろうデザイナーでも容赦はされないのです。

　これによって顧客はその時流に合った新しいデザインを、そのブランドらしいと感じて受け入れていくのです。決して昔流行ったときのままでいいとは顧客は思っていないのです。

　顧客だけを見ていると商品企画は簡単です。なぜなら顧客となる人はいろいろな理由でそのブランド自体が大好きなの

第6章　利益を最大化するための数式　　　219

で、極端に言えば企業側が提案した商品なら何でも買ってくれるのです。

　一方で市場のニーズは目まぐるしく移り変わっています。昨日売れていたものが今日はもう売れない、ということが日常茶飯事です。そのため旬のニーズを常に掌握してそれに合った商品を供給し続けなければなりません。

　顧客の若返りに限らず、新しい消費者に買ってもらうためには、対象顧客のニーズの把握と商品への反映が最も重要なのです。そのためには既存客への商品開発と比べて何倍もの労力と経費が必要です。これを省いていては成功できません。できればこれを常日頃から行うことが求められます。

　私も以前店舗と卸の両方を管轄していたときにはその違いを痛感しました。たとえて言うと、直営店舗で得意客を中心にした販売は、多くのファンに囲まれてみなが欲しがる物を販売している状態。一方新たに参入した全く消費者層が違う大手 EC サイトへの卸販売は、大勢の消費者の前で多くの競合先と並べて比較されようやく何かひとつ買ってもらうのに必死な状態。

　これくらいの大きな違いがありました。何事も新規案件は大変だ、と改めて実感しました。

　いわゆる川上の製造業の場合は研究開発という部署があり、人員と経費が確保されています。これが新規開発への投資と明確にわかります。しかし川下に行くほどここが不明瞭になります。新規開発も既存案件も同じ担当者がやっている、ということが普通です。

　ここはかねてから改善の余地があると考えているところで

す。商品に関わる人員の一部でも新規開発専任として経費も
つけることは決してマイナスにはならないはずです。

　小売業でもプライベートブランドの重要性が増していく中、
研究開発への人材と費用の投入が競争力を左右する重要な要
素になっていくはずです。

おわりに

　私が社会人になった1980年代は、まぎれもない昭和の文化の真っ只中でした。

　その後バブル経済はピークを迎え日本は世界第二位の経済大国となり、世界中から狙われる市場となりました。小売業界では黒船来襲と言われるほど多くの外資企業が日本に上陸してくることになります。

　ドイツの通販最大手オットー社の日本進出もそのころで、住友商事と共同出資で設立したのが住商オットー株式会社、その理念は「統計学と心理学を駆使した科学的経営」でした。ここで初めて目にしたドイツ人の働き方には驚かされました。

　残業はせず数週間の夏休みにクリスマス休暇、バブル期の日本の働き方とはだいぶ違います。その間仕事が止まっても十分な利益が出せる。ドイツ流のやり方で成功するにつれて、その理由が数字とデータをもとにした手法にあるとわかってきました。

　ならば、日本の特長である勤勉さにこの効率性が加われば鬼に金棒ではないか。この考えはその後会社がかわっても変わらず持ち続けていました。

　続いてエディー・バウアージャパン株式会社を設立した際には、それを「勘と経験の業界に数字とデータで新風を吹き込む」というフレーズにしてメディア向けに発信しました。

アメリカの若い企業はまた違った魅力的な文化を持っており、特に感じたのが自分とプライベートを大事にする姿です。そのためには仕事の効率化が必要なので、何でもすぐに無駄を省いて定型化してしまいます。

　これも日本に取り入れない手はありません。こうして蓄積したノウハウは時を超え企業を超えて力を発揮してくれました。

　現在日本は失われた30年と言われ、労働時間は短くなりましたが、それ以上に効率的に利益を増やすことができていない、と指摘されています。実際にまだまだ勘と経験で事業が運営されていることが多い、と感じています。

「数字とデータに基づいて誰でも効率的に利益を出す仕組み、があればひとつの突破口になるのではないか」

　ずっと抱いてきたこの想いをこのたび一冊の本にまとめることができました。

　本書の出版にあたっては、慣れない作業を一からご指導いただいた日本能率協会マネジメントセンターの大塩様、そして著者養成ゼミ以来、企画の完成まであらゆる時点で貴重なアドバイスをいただいたアップルシード・エージェンシー社長の鬼塚様、同社の加藤様に心より感謝申し上げます。

おわりに

野本 明（のもと・あきら）

1982年慶應義塾大学経済学部卒業、住友商事株式会社入社。1987年住商オットーへ出向、1993年にはエディー・バウアー日本法人の創業メンバーとして立ち上げを主導。2000年同社取締役商品部門長に就任。ブランド事業の拡大に伴い2004年にドイツフェイラー、2006年にはアメリカバーニーズ ニューヨークの国内事業買収時に取締役として着任し経営を継承。2013年住友商事を退職しロクシタンジャポン株式会社入社、経営幹部・営業本部長として営業と店舗開発を主導。2022年独立しプロスペクト・コンサルティング代表としてコンサルティング、アドバイザー活動を実施中。法政大学・創価大学にて非常勤講師として留学生向けにマーケティング講義も行っている。

http://prospect-c.jp/

利益を出すために重要な24の数式
眠っている数字であなたの会社をよみがえらせる

2025年 4 月10日 初版第1刷発行

著 者 —— 野本 明　　　　　Ⓒ2025 Akira Nomoto

発行者 —— 張 士洛

発行所 —— 日本能率協会マネジメントセンター

〒103-6009 東京都中央区日本橋2-7-1　東京日本橋タワー

TEL 03（6362）4339（編集）／03（6362）4558（販売）

FAX 03（3272）8127（編集・販売）

https://www.jmam.co.jp/

著者エージェント —— アップルシード・エージェンシー

装丁・本文デザイン —— 株式会社aozora

Ｄ　Ｔ　Ｐ —— 株式会社キャップス

印　刷　所 —— 広研印刷株式会社

製　本　所 —— 株式会社三森製本所

本書の内容の一部または全部を無断で複写複製（コピー）することは、法律で決められた場合を除き、著作者および出版者の権利の侵害となりますので、あらかじめ小社あて許諾を求めてください。

ISBN 978-4-8005-9314-6　C2034

落丁・乱丁はおとりかえします。

PRINTED IN JAPAN